Esempi di generosità proposti al popolo italiano

NICCOLÒ TOMMASEO

1867

TABLE OF CONTENTS

ANCO I DEBOLI POSSONO
LA NUORA BUONA
LA CARITÀ RISPETTOSA
CORONARE LA VITTORIA COL PERDONO
RENDICONTO ESEMPLARE
IL SERVITORE AFFETTUOSO
CHI FIDA IN DIO, E CHI FIDA IN SE STESSO
MODESTIA ANIMOSA
AMICIZIA CORAGGIOSA
RISPETTATE I DEBOLI DI MENTE
DISUBBIDIENZA PIA
PENSATE ANCO AGLI ALTRI
NON METTERE GLI UOMINI A CIMENTO
PRIMA LA PATRIA
IL DEBOLE CHE PERDONA
PARTI UGUALI
GENEROSITÀ PERSEVERANTE
IL VINCITORE DOLENTE
IL CORAGGIO DEL VERO
DI CERTE CRITICHE MOSSE A QUESTO
LIBRETTO

AI LETTORI

Tutti i popoli civili riconoscono oramai che la storia conserv ataci dal popolo d'Israello confermata dalle tradizioni e dai monumenti degli altri popoli, dalle indagini e dai computi della scienza; ch'essa è commentata dalla natura ne' movimenti de' cieli e nella giacitura delle terre, interpretata dalle lingue, illustrata da opere immortali d'erudizione e d'eloquenza; parlante siccome ne' massi delle montagne, così ne' fastigi e nelle rovine di edifizii giganti, siccome nelle poesie e nelle musiche delle nazioni, così nelle tele e ne' bronzi e ne' marmi; che, quand'anco la non si tenesse per fede, bisognerebbe studiarla acciocchè tutto il passato non rimanesse coperto di tenebre; che le rimembranze delle altre storie intanto appariscono verisimili, in quanto s'accordano a questa; che nulla esse presentano che sia più grande e di più generale importanza.

Se di queste memorie gli uomini e i popoli che da diciannove secoli più onorano l'umanità, fecero il primo loro alimento e l'ispirazione suprema; e se ancora non è dimostrato che debbansi a queste memorie imputare i falli e i vizi e le calamità che li afflissero; ciò basterebbe per farci andare a rilento nel rigettare dall'educazione de' nostri figliuoli questa che fu tanta parte dell'educazione de' nostri antenati e se altri opponesse, nella storia sacra esserci fatti da non si narrare per minuto all'età giovanile; io, concedendolo, domanderei se le favole pagane, in favor delle quali oggidì si combatte anco da certi preti acremente, sian cosa più innocente e più alta; domanderei se le storie degli Atridi e di Edipo, se la maternità di Rea Silvia e il ratto delle Sabine e la cagion della morte di Lucrezia sian cose narrabili nelle scuole per filo e per segno; e se, venendo a storie più avverate, le guerre di Sparta in Messenia, di Roma nel Sannio, le turpitudini imperiali d'oriente e d'occidente, gli odii fraterni delle italiane città, le crudeltà e le immondizie delle corti, e i balocchi e gli scherni della bilancia europea, siano esempi magnifici, memorandi. Che nella storia sacra trascelgansi le narrazioni accomodate all'età, e alle condizioni di ciascun paese, anzi di ciascun'anima umana, potendo; la religione e il senso comune li insegnano; e gua' se le buone consuetudini dovessero essere diffamate dalla malizia o goffaggine di chi ne abusa. Ma escludere dalle scuole la conoscenza delle origini e la meditazione dei fini supremi del genere umano, è un perpetuare, un rendere quasi legale la guerra tra la credenza e la scienza e la vita; un infermare le facoltà dello spirito, e quindi fiaccare la forza intima delle nazioni, le quali, chiamate ne' dì del cimento, opporranno ai governanti mal cauti, se non odio, inerzia e disprezzo.

Lascio che quella storia in modo unico comprendendo nella semplicità della narrazione le bellezze dell'epopea e del dramma e dell'inno, soddisfacendo all'istinto invitto del meraviglioso e alla curiosità delle intelligenze più semplici esercitando e la meditazione del pensatore e la contemplazione del pio, e l'osservazione dell'esperto che interroga i segreti dell'anima umana, può svolgere fecondamente nei giovani e l'idea e l'immaginazione e l'affetto, può offrire alle arti e della parola e del bello sensibile soggetti vergini tuttavia, e nella loro antichità perpetuamente innovabili col variare de' tempi. Ma dico che esempi di virtù schietta insieme e generosa, di quel coraggio ch'è confermato da tutte le affezioni umane e sovrumane insieme cospiranti, di quella speranza longanime ch'è madre delle opere grandi, e che corre di secolo in secolo quasi di minuto in minuto della medesima vita, nessun libro conosciuto sin qui ne presenta tanti di tali esempi, nè maggiormente imitabili agli uomini tutti in qualunque condizione si trovino collocati. Insino a tanto che un libro più bello della Bibbia non ci sia regalato da qualche società dotta, o da qualche Commissione ad hoc, mi sia lecito prendere dalla Bibbia alcuni esempi d'intenzioni e d'opere generose, commentando per via di considerazioni appropriate alla età giovanile il racconto, senza punto alterarlo. Sugli esempi del male punito arresteranno più tardi il pensiero; ma giova per primo che l'aspetto del bene li innamori e consoli, e illumini i loro giudizii, e fecondi l'intima parola dell'anima loro.

DIVISIONE GENEROSA

Vi racconterò un bell'esempio di generosità e di vero amore ai parenti; e raccontando, ora e poi molte volte, adoprerò le stesse parole della Scrittura santa: che nè io nè uomo nessuno potrebbe trovarne di più preziose.

Abramo con Lot, figliuolo del suo fratello si erano dipartiti dalla terra d'Ur ne' Caldei, dove i loro vecchi erano vissuti; e andarono cercando altro luogo in cui dimorare, lo andarono cercando per ispirazione di Dio, il quale disse ad Abramo così: «Esci dalla tua patria, e vieni nel paese che ti sarà mostrato da me; e farò nascere di te una nazione grande; e sarai benedetto, e tutte le generazioni umane ne saranno in te benedette». Così disse Iddio Signore ad Abramo in visione soprannaturale, perchè dai discendenti di Abramo doveva nascere un giorno Gesù salvatore del mondo. Ma Dio parla sempre nel cuore agli uomini; e sovente anco ai non buoni: e tutte le cose buone e grandi che nel mondo si fanno, si fanno per ispirazione di Dio. Lo staccarsi dal proprio paese, quando sia per buon fine, può essere cosa piena di merito e di effetti grandi: perchè in questa maniera gli uomini, che nel principio sono tutti nati da una sola famiglia, andarono per il mondo ad abbellire la terra; in questa maniera anche adesso scopronsi nuovi paesi; conosconsi genti lontane e diffondesi il bene e ne' lontani e ignoti, e ne' prossimi più cari a noi.

Quando Abramo lasciò la patria, suo padre era morto. Pare che Iddio volesse risparmiare al buon vecchio questo dolore. Ed era morto anche il padre di Lot. Se ne andarono dunque Abramo e Lot portando e menando seco tutto quello che avevano, che era, il più, bestiame dimolto, con uomini che lo custodivano, e poi oro e argento. Non è da credere che si partissero senza dispiaceri dal parentado e dai conoscenti dai luoghi in cui vissero i loro vecchi, in cui crebbero essi. Andarono adagio adagio, come portava la quantità delle gregge ch'e' conducevano seco; e capitarono nella terra di Canaan. E quando furono in una valle, il Signore per mezzo d'un angelo si compiacque di rinnovare ad Abramo le sue promesse, come per confortarlo nel penoso viaggio. E Abramo rizzò in quel luogo un altare a Dio, un altare di semplici pietre, coperte forse di verzura e di fiori. Di là venne a un monte, in cerca di pascoli; e spiegò le tende sul monte, per fermarvisi e avere riposo con suo nipote, con la sua moglie, e coi servi che erano dimolti; e lì pure fece un altare a Dio. Poi anche di là si mosse adagio adagio verso le parti del mezzodì. Ma, essendo sopravvenuta una fame grande, per aver pane, egli con la sua gente andarono in Egitto; e trovarono pane: e ci stettero qualche tempo. Era bello il vedere quest'uomo ricco, ma buono, in mezzo a' suoi dipendenti vivere semplicemente, parlare con tutti, dar buoni consigli in poche parole: essere rispettato dai re, e umiliarsi dinnanzi a Dio, e cantare le lodi di Dio insieme con tutta la sua moltitudine in mezzo all'aperta campagna, in mezzo ai popoli che adoravano come Dei figure di legno o di metallo, o bestie e cipolle, o il sole e la luna e le stelle.

Passati i mesi della fame, uscirono d'Egitto Abramo e Lot suo nipote con tutta la gente e le robe. E ritornarono per la medesima via, sul medesimo monte dove avevano spiegate le tende e fatto l'altare al nome di Dio. Aveva Lot le sue tende da sè, e conosceva le sue gregge di pecore e capre, e i suoi armenti di buoi. Ma tante erano le bestie, e tanti i pastori, che non potevano più nipote e zio stare insieme ne' medesimi pascoli. Perchè questo è l'effetto della ricchezza, che impedisce assai volte anco alla gente buona e che si vogliono bene, poter convivere in tutta pace. Anco che i padroni desiderino vivere d'accordo insieme, i servitori non sanno; e certi amici dei padroni li consigliano badare al loro utile proprio; e in questa maniera a poco a poco si rompe la buona armonia. Così tra i pastori di Abramo e di Lot nacque rissa: perchè sovente la gente che ubbidisce, fa più aria di chi sta più in alto. Si litigavano segnatamente per l'acqua; ché non era facile abbeverare tanti animali in un tratto; e, anche potendo, i pastori si facevano dei dispetti, sperando ciascuno che il suo padrone sarebbe per reggerlo.

Abramo, vedendo che la vicinanza avrebbe piuttosto alterato l'affetto tra parenti che mantenutolo, pensò, e disse: «Ti prego, mio caro nipote, facciamo una cosa: che non nascano liti tra me e te, e fra i pastori miei e tuoi; perchè siamo di un sangue stesso. Ecco, tu vedi il paese che ci sta innanzi, dove si può trovare pastura. Ti prego, dividiamoci in pace, nipote mio. Se tu vai a mano manca, e io da man destra; se tu scegli a diritta, e io piglierò da mancina». Così disse Abramo. Né l'amore dei suoi comodi, degli utili suoi, gl'indurò il cuore verso il nipote; nè per picca volle, come zio, soverchiare: lasciò al giovane e al men forte la scelta; perchè sperava in Dio che gli darebbe del bene; e amava il figliuolo del suo fratello morto, l'amava più di tutte le bestie e le ricchezze che aveva. Lot allora guardò tutt'intorno, e vide il paese lungo il Giordano, che era bello e abbondante d'acque correnti come un bel giardino; e pigliò la parte a levante.

Se ne chiamò pago Abramo perchè il piacer del nipote era eziandio suo piacere. E si divisero dolenti nel cuore, come fratelli buoni; e col cuore rimasero uniti sempre. E si rincontravano di tanto in tanto; e godevano di rivedersi, come nel rivedere in mezzo alla campagna solitaria e forestiera i luoghi cari ove nacquero. E quando Abramo la mattina avrà viste dal monte ondeggiare al vento giù giù per la valle lontana le tende di Lot, suo nipote; avrà detto con tenerezza: «Quelle sono le tende di Lot, nipote mio, del figliuolo di mio fratello. Benedica Iddio le sue tende e i suoi passi» Ad Abramo non mancarono però nè bei prati, nè boschi belli, nè belle colline, nè acque limpide, nè soli sereni, nè ogni bene di Dio. E quand'anco, per contentare i parenti o gli amici, o anche i nemici, avessimo a perdere, o a patire; non ci sgomentiamo però: ci rimane un gran tesoro, la pace. Se ciascuno di noi pretendesse sempre, per minuto, e da tutti, tutto quello che gli spetta; il mondo sarebbe una lite, una baruffa continua.

LA VITTORIA PURA

Abramo conservava nel cuore l'affetto del nipote lontano; perchè la lontananza può accrescer valore ai degni affetti nelle anime degne. Come veramente amasse Abramo il suo nipote, lo fece vedere nel dì del pericolo. Quattro piccoli signori di quattro paesi vicini mossero guerra a cinque altri piccoli signori; e tra questi era il re della città dove Lot dimorava. Ma re, di que' tempi e in que' luoghi, vuol dire il capo del popolo; e cotesto capo non poteva e non voleva far cosa senza il consenso del popolo stesso; e vivevano senza sfarzo alla buona. Quattro signori combattevano dunque contro i cinque; e li messero in fuga. Molti morirono; altri scapparono alla montagna: e la città dove Lot viveva con la sua famiglia, fu presa, e come accade nella guerra, rubate le robe di chi non aveva ai vincitori fatto male veruno; e preso anche Lot con la sua famiglia, e portato via tra' nemici. Abramo stava allora nella valle di Mambre; e Mambre co' due suoi fratelli erano buoni amici d'Abramo. Questi non sapeva del caso; quando si vide venire un uomo fuggito dalla battaglia, e spaurito tuttavia, che gli dice Lot essere preso. A quella novella Abramo non stette a pensare nè il disagio nè il pericolo, tolse trecendiciotto de' suoi servi, e corse a liberare il nipote e tutti coloro che andavano prigioni seco. Perchè Abramo era buono, e coraggioso; e l'amor del congiunto e di tutti gl'infelici non si contentava di mostrarlo con lezii o con lamenti, ma sapeva fare fatti, a un bisogno. Lot, dimorando in città, aveva perduto forse di quel vigore che la sua natura gli diede; ma Abramo, per valli e per montagne, sempre nel prospetto del cielo immenso e dell'ampia campagna, conservava robuste e le membra del corpo e i sentimenti dell'animo. Corse co' suoi trecendiciotto che gli servivano, ma con fidato amore, e con familiarità come di figliuoli servivano; buoni e al lavorare e al combattere.

Camminò lunga via, prima d'arrivare i nemici; i quali aveva la vittoria resi già spensierati, perchè la lieta fortuna a molti è cagione di mali grandi. Per piombar loro addosso, aspettò il buon Abramo la notte, acciocchè quei pochi suoi nel buio paressero ancor più. Piombò addosso ai vincitori, e li spaventò e li disperse, e li inseguì buon tratto di via: e ricondusse salvo Lot il nipote con la sua famiglia e la sua roba, e tutti i prigioni seco. Allora il re della città dove Lot abitava, si fece coraggio e uscì fuori, e si rallegrò con Abramo.

Venne anche un altro re, che aveva nome Melchisedecco, il quale era insieme e re e sacerdote perché gli antichi patriarchi in que' tempi semplici trovavano modo di fare le due cose bene. Questo re profferse pane e vino ad Abramo, come per segno che l'uomo deve a Dio e agli amici di Dio offrire le cose più necessarie e più veramente pregiate. E però Gesù Cristo, sacerdote sovrano della umanità offre sé stesso sotto le umili forme comuni di pane e vino; santificando e il cibo dello uomo e i lavori delle sue braccia e i frutti che gli offre la terra. Dunque il re che dicevo, benedisse Abramo così: «Benedetto sii, Abramo, dall'alto Dio che creò il cielo e la terra! E benedetto l'alto Iddio, la cui mercè tu hai vinto i nemici!». Ma il re della città dove Lot abitava disse ad Abramo: «Dammi la persona di coloro che hai salvi; e la roba, tienlati». Perchè il re di quella città si credeva poter pagare con robe il benefizio resogli, e sciogliersi dal debito della gratitudine: forse credeva così. Abramo rispose a lui: «Io levo la mano al Signore Iddio altissimo, ch'è il Signore del cielo e della terra; e affermo che nè un fil di roba nè un legacciolo di calzare io prenderò delle cose che sono tue: che tu poi non dichi: Abramo è arricchito da me». Non per orgoglio rispose così; ma perché si sapesse a che fine egli aveva fatto il bene, e perché quel re di quella città imparasse ad essere umile e grato; difficile cosa a imparare. Volle Abramo, però, che il vitto de' trecendiciotto gli fosse pagato, e data parte della preda ai tre fratelli venuti seco, che stavano in quella valle di Mambre. Perchè l'uomo deve saper essere generoso per sè, non imporre agli altri gratuite fatiche nè danni.

E dopo queste cose, Iddio disse in visione ad Abramo: «Non temere, io sono il tuo protettore, e la tua ricompensa assai grande». E un'altra volta che, dopo offerto il sacrifizio consueto, sul far della notte, un letargo pien di spavento e di immagini tenebrose lo prese, Iddio gli parlò e disse: «Sappi fin d'ora che i tuoi discendenti andranno pellegrini e afflitti, e per quattrocent'anni saranno schiavi. Ma io giudicherò la gente alla quale serviranno; e saranno da ultimo liberati».

PATTI CHIARI

Sara, moglie d'Abramo, vissuta sempre concordemente con lui, di cenvensett'anni morì. Anche adesso c'è persone che campano centotrent'anni in Russia e altrove: ma nel principio del mondo vivevano più lungamente, perché più sani e più regolati nel vitto; e perché molte cose erano da compire o da avviare sulla terra ancora disabitata; e perché l'esperienza de' padri doveva giovare a' figliuoli e ai nipoti lontani, e far vece di scuole; e perchè di secolo in secolo poche persone così bastavano a tramandare le memorie delle cose operate dagli uomini e rivelate da Dio, e potevasi conservare la storia e la fede nella sua purità.

Sara di cenvensett'anni morì in un luogo che si chiama Ebron, nella terra di Canaan, nel bel paese che Abramo con Sara conobbero appena usciti di patria. Abramo e Isacco, il figlio loro unico, la piansero piamente. E Abramo andò a quelli del paese, e disse così: «Io sono forestiero e pellegrino tra voi. Datemi il diritto della sepoltura nel vostro suolo, ch'io ci seppellisca il morto mio». Risposero quelli del paese dicendo: «Sentite, signore: voi siete come un messo di Dio tra noi; scegliete fra' nostri sepolcri, e seppelliteci il morto vostro». S'alzò Abramo allora, e s'inchinò al popolo della terra, ch'erano tutti presenti innanzi alla porta della città quand'egli parlava; perché le faccende del Comune alla porta della città solevansi trattare all'aperto, che il sole le vedesse e gli uomini le sentissero.

S'inchinò Abramo, e disse a quegli abitanti: «Se piace al cuor vostro ch'io seppellisca il morto mio, udite di grazia. Pregate in mio nome Efron, figlio di Seor, che mi dia la grotta doppia ch'egli ha nell'estremo confine del suo podere, che per giusto prezzo me la ceda dinnanzi a voi in possesso e uso di sepolcro». Si trovava Efron là tra gli altri a sentire; e rispose ad Abramo dicendo «Non sia così, mio signore, mai no. Ma piuttosto ascoltate quello ch'i' dico. Io do il podere e la grotta ch'e' in esso, presenti i figliuoli del popolo mio; ve la cedo: seppelliteci il morto vostro». Abramo ringraziò rispettoso il popolo di quella terra e parlò ad Efron (la gente stava intorno a sentire): «Pregovi, date retta. Io do il valsente del podere; accettatelo: e così seppellirò il morto mio nel podere». Efron rispose: «Sentite, signore: il terreno che voi desiderate, vale quattrocento monete d'argento. Questo sarebbe il prezzo tra me e voi. Ma che fa? seppelliteci il morto vostro». Abramo sentendo così, gli pesò la moneta d'argento; perchè di que' tempi la moneta non si contava, davasi a peso; erano pezzi senza conio, ma con un segno del Comune per accertare ch'egli era buona moneta. Gli pesò in presenza de' popolani, i quali entravano e uscivano dalla porta. E il campo che prima era d'Efron, dov'era la grotta doppia riguardante la valle di Mambre, quella valle dove Abramo con Sara vissero del tempo; il campo con la grotta doppia, e gli alberi giro giro lungo i confini del podere, vennero a essere d'Abramo: e tutti il popolo fece testimonianza di ciò. Perchè allora non usava documenti scritti; e nascevano meno liti d'adesso. E così Abramo seppellì Sara sua moglie nella grotta doppia, dov'era luogo anco per esso quando egli morisse.

Abramo, che non aveva mai pensato ad acquistare poderi per sè vivo, l'acquista per il riposo della buona sua moglie morta: perchè la morte è pensiero più grave della vita; e le memorie dell'affetto sono più preziose d'ogni ricchezza: e una sepoltura è gran tesoro di memorie a chi sa farne uso, è gran libro a chi sappia leggerci. Poteva Abramo seppellire il corpo di sua moglie in una delle sepolture di quella gente, che n'era contenta, e l'aveva per onore e benedizione: ma egli non volle. Volle pagare il fondo; non mica che gli pesasse rimanere obbligato, ma gli piaceva poter essere sepolto anch'egli accanto alla vecchia sua moglie amata; e non sapeva se un giorno quel medesimo che dava ricetto a lei nella propria sepoltura, vorrebbe accoglierci lui. Volle pagare, perchè non sempre conviene accettare le profferte, anco cordiali che siano; e, come dice l'Apostolo, meglio è dar che ricevere. Fece patti ben chiari: li fece chiari a pro d'altri più che di sè. E dando ad Efron il prezzo, e comprando il luogo della sua sepoltura, fece un altro bene eziandio: lasciò a que' popoli memoria perenne della moglie e della casa sua, d'una casa che adorava ed amava il Dio vero: il vero Dio che creò tutte quante le cose.

L'OSPITALITÀ DEL CUORE

Abramo era vecchio d'anni molti; e il Signore l'aveva benedetto in ogni cosa. Or disse Abramo al servo anziano di casa sua, che soprantendeva a tutte le faccende: «Io ti scongiuro per il Signore Iddio del cielo e della terra, che tu vada a cercar moglie al figliuolo mio, non tra le figlie de' Cananei, dov'io vivo, ma che tu vada nel mio paese e nel mio parentado, e che là trovi moglie ad Isacco figliuolo mio». Il servo gli domandò se convenisse condurre colà Isacco stesso nella patria del padre; ma Abramo non volle, perchè Dio così gli aveva ordinato, per creare una nuova famiglia, una nuova nazione, che a tutte le nazioni del mondo apporterà bene grande. Or disse Abramo al servo: «Iddio Signore del cielo manderà un angelo dinnanzi a te, e farà che tu scelga al figliuolo mio moglie buona». Il vecchio promise che farebbe così; e prese dieci cammelli tra le bestie del suo padrone, e se n'andò, portando cose di pregio da farne dono.

E giunse in Mesopotamia, nel paese dov'era Nacor, fratello d'Abramo. Fece riposare i cammelli fuor della terra, a un pozzo ch'era lì d'acqua viva. Gli era sull'ora di sera, quando le donne solevano venire per acqua. Ci venivano così le ricche come le poverette tutte insieme come sorelle; s'usavano ai servigi della casa; ed erano le une alle altre compagnia. Allora il servo, pregando in suo cuore, pensò: «O Signore Iddio d'Abramo signor mio, aiutatemi, prego, oggi, e fate misericordia ad Abramo, il signor mio. Ecco io sto presso questa fonte, e le figliuole di questi del paese verranno ad attingere. Dunque la giovanetta alla quale io dirò: China la tua secchia, acciocch'io beva ed ella risponderà - Bevi, - anzi darà bere anco ai miei cammelli; è quella che avete preparata per Isacco diletto vostro, o Dio Signore. E a questo conoscerò che avete fatto misericordia ad Abramo il signor mio». Non aveva ancor compite queste parole nel suo pensiero, ed ecco usciva Rebecca. giovane gentile, figliuola di Batuele, il quale era figlio di Nacor, fratello d'Abramo. E teneva la secchia a braccio. Scese alla fonte, e la empiette: e tornava. Le si fa incontro il vecchio, e dice: «Datemi, fanciulla, un pochin d'acqua da bere». La quale rispose: «Bevete, signor mio». E presto prese la secchia e la resse col braccio, e gli diede bere. E quando egli ebbe bevuto, la fanciulla soggiunse: «Anco per i vostri cammelli attingerò, che bean tutti». E vuotò la secchia ne' canali da abbeverare le bestie: e ricorse al pozzo per riattingere, e ne diede a tutti i cammelli. Il vecchio la rimirava senza parola, stando a vedere come Dio guidasse in buon'ora il suo viaggio. E quando i cammelli ebbero bevuto, e' emise fuori buccole d'oro e braccialetti d'oro, e disse alla fanciulla: «Di chi siete voi figlia? Ditemelo; c'è egli luogo in casa del padre vostro, da alloggiare?». La quale rispose: «Sono figliuola di Batuele, figlio di Melca e di Nacor». E aggiunse: «Ci abbiamo paglia e fieno assai, e luogo da starci». Allora l'uomo inchinò la fronte, e levò gli occhi al cielo sereno, e ringraziò Dio dicendo: «Benedetto il Signore Dio d'Abramo signor mio, Iddio che non tolse da esso la sua misericordia e la sua verità, e mi condusse diritto a casa il fratello del signor mio».

La fanciulla corse in casa della madre, e riportò le parole udite, e diceva: «Così quell'uomo mi ha detto». Ella aveva un fratello, di nome Libano; il quale, vedendo le buccole e i braccialetti dell'oro corse presto alla fonte. La giovane non si era rallegrata dell'oro; ma prima la vista del vecchio le aveva fatto allegria, e poi la novella ch'egli era servo d'un del suo sangue; e anche era lieta dell'avergli, senza conoscerlo, fatto buone accoglienze. Labano lo trovò presso ai cammelli sdraiati vicin della fonte. E gli disse: «Entra, benedetto dal Signore: perchè stai tu fuori? Ho preparato a te l'albergo, e posto ai cammelli». E lo condusse, e l'aiutò a scaricare i cammelli, e diè paglia e fieno; e acqua a lui da lavargli i piedi, e agli altri venuti seco. Lo fecero sedere, e gli apposero pane che mangiasse; ma egli: «Non mangerò, che io non abbia parlato le parole ch'ho a dire». Labano rispose: «Parla». E egli raccontò come Abramo, benedetto da Dio, l'aveva mandato per trovare moglie al suo figliuolo dal parentado suo stesso; e come egli era giunto alla fonte, e pregato Dio in cuore che gli facesse conoscere la fanciulla destinata al figliuolo del suo padrone, gliene facesse conoscere a un atto di cuor gentile; e come Rebecca venne, e come fece atto di cuor gentile, dando a bere non a lui solamente, ma anche a' cammelli; e com'egli la conobbe, e come ne ha rese a Dio grazia di cuore. E, dette queste cose, soggiunse: «Se vi piace usare amorevolezza e fiducia al signor mio, vogliate darmene segno: ma se altro è il pensier vostro, e voi ditemi; ch'io me ne vada a diritta o a manca per altra via». Risposero Batuele il padre e il fratello Labano: «La parola che tu di', vien da Dio. Noi non possiamo dire a te altro che quello ch'è il volere di Lui». Quando il vecchio servo d'Abramo ebbe udito questo, s'inginocchiò a ringraziare il Signore. E messe fuori vasi d'argento e d'oro, e vestiti, e li offerse a Rebecca; e anche ai fratelli offerse presenti, e a Melca madre di lei. Perchè un tempo l'uomo portava la dote in casa della sposa, e non la moglie al marito. E c'è de' popoli tuttavia che fanno così; e fanno bene. Poi si misero a tavola, e mangiarono con allegrezza tranquilla.

La mattina dopo, si levò il vecchio e disse: «Lasciatemi ch'io ritorni al signor mio». E i fratelli della giovinetta e la madre risposero: «Rimanga ella con noi dieci giorni almeno; e poi se n'andrà». - «Non vogliate, diceva il vecchio, ritenermi, giacchè Dio Signore ha indirizzati i miei passi. Permettete ch'io vada ad Abramo signor mio». Quelli dissero: «Chiamiam la fanciulla, e che si sappia il sentimento di lei». La chiamarono, e venne; e domandarono: «Vuo' tu andartene con quest'uomo?». Ella disse: «Ci andrò». Si distaccarono dunque i genitori dalla figliuola, che non la dovevano più rivedere su questa terra: e i fratelli fecero tanti auguri alla sorella; e dicevano: «Tu se' la sorella nostra. Ti consoli Iddio di figliuolanza benedetta». Con lei se ne andò la sua balia. E Rebecca con le serventi sue montarono sui cammelli, e seguitarono il vecchio, il quale co' compagni ritornava al signor suo di fretta.

Mentre ch'eglino se ne venivano, Isacco era, sul far della sera, uscito a meditare soletto per la campagna, pensando della sua sorte novella, che nulla ne sapeva, e raccomandando a Dio la sua vita. Pensieri di umile speranza gli portava nell'anima l'ora queta e serena. Egli andava per la via che conduce al pozzo soprannominato del Dio vivo e veggente, a quel pozzo dove l'Angelo era apparito ad Agar, la madre derelitta. Alzò Isacco il viso e vide cammelli venir da lontano. Rebecca, vedendo un uomo venire, smontò dal cammello, e disse al vecchio: «Chi è l'uomo che ci viene a rincontro per la campagna?». Esso a lei: «Egli è il signor mio». La giovenetta prese in fretta un velo, e si coperse la faccia. Isacco la introdusse in casa, e Abramo la benedisse, e la diede al figliuolo per moglie: e il figliuolo l'amò tanto ch'ella gli fece men grave il dolore della sua madre morta.

I DIRITTI SECONDO GLI UOMINI E I DIRITTI SECONDO DIO

Viveva Giacobbe in campagna, e Giuseppe, il suo caro e affettuoso figliuolo, in città; ma non è da credere che questi non andasse di tanto in tanto a vedere il padre; e tanto più volentieri ci andasse, che i ricchi e i grandi a quel tempo amavano la campagna più d'adesso, e sapevano, e però godevano, conversare con gli uomini semplici; e erano così meglio amati, e però più potenti. A Giuseppe poi la campagna era cara, siccome il dolce nido della sua giovinezza, e serena memoria dei suoi trastulli innocenti. E quando vedeva o le gregge pascere per la verdura, o una valletta restringersi e come fuggire tra due belle colline, o i raggi del sole scintillare nell'acque correnti, come se entrassero e uscissero saltellando da quelle, gli venivano in mente tante cose, che non si ricordava più nè della corte nè dei cortigiani: e gli pareva essere allora liberato di carcere, e respirare aria pura. Co' fratelli usava parole e modi di fratello, nè si ricordava ch'egli fosse l'offeso da loro già, nè fosse signor grande adesso. E s'asteneva eziandio dal mostrarsi troppo tenero e troppo umile verso di loro, perchè questo stesso poteva adombrarli e richiamare il passato amaramente. Non è vero quello che dicono: «Perdonare, sì; ma dimenticarsi dell'offesa, no». Chi non sa dimenticarsi, non sa perdonare. E il vero pentimento, l'affetto vero, fanno questo miracolo, che l'offensore e l'offeso diventano come uomini nuovi, e si vogliono in certo modo più bene di prima. Giacobbe, il povero padre, godeva di questa concordia, più ancora che dell'aver riavuto il suo diletto Giuseppe.

Un giorno vengono di fretta al palazzo e annunziano a Giuseppe che il padre era malato grave. Giuseppe prese seco i due suoi figliuoli, Efraimo e Manasse, che ricevessero la benedizione del santo vecchio, e udissero le ultime sue parole. Perchè le parole delle persone amate e venerate sono la più preziosa eredità delle anime nostre. Quando videro que' di casa Giuseppe di lontano venire, e' dissero al vecchio Giacobbe: «Ecco, viene il vostro figliolo Giuseppe». Il vecchio si confortò; e lo messero a sedere sul suo letticciuolo. Entrato che fu Giuseppe da lui il padre lo riconobbe alla voce, perchè gli occhi suoi erano illanguiditi dalla grande vecchiaia. Ma, vedendo come due ombre i due giovanetti, disse al figliuolo: «E questi?». Rispose: «Sono i miei figliuoli che Dio mi ha dato in questo paese». Disse il vecchio: «Accostali, Giuseppe, a me: ch'io li benedica». Quando gli furono accanto ambedue dall'una sponda del letto, li baciò e abbracciò, e disse al figliuolo:

«Iddio m'ha dato di rivederti in questa vita e anche m'ha dato di vedere i figliuoli del mio Giuseppe». Poi ch'e' li ebbe abbracciati, Giuseppe li tolse soavemente dal seno del padre, e, tutto commosso nell'anima, s'inginocchiò a piè del letto, e s'inchinò al padre suo, il quale stese la mano tentoni, e trovò il capo del suo Giuseppe chinato sul letto. Allora Giuseppe prese Efraimo e lo pose alla sua diritta, cioè alla sinistra di Giacobbe; e pose Manasse alla sua sinistra, cioè alla destra del padre, e li accostò, che potesse il vecchio arrivarli ambedue con la mano. Perchè Manasse era il primogenito, e Efraimo il secondo; e Giuseppe desiderava che del primo figliuolo fosse la prima benedizione. Ma Giacobbe stese la sua man destra e la pose sul capo d'Efraimo, e la sinistra su quel di Manasse. E diede la sua benedizione ai figliuoli di Giuseppe, e disse così: «Iddio, nel cui cospetto camminarono per diritto cammino i padri miei, Abramo ed Isacco, Iddio che mi guida e sostiene dalla mia infanzia insino al presente, l'Angelo che mi liberò da tutti i mali, benedica a questi fanciulli. E il nome mio giovi ad essi come memoria di benedizione, e il nome d'Abramo e d'Isacco, padri miei; e crescano contenti in bene e in amore». Or Giuseppe, vedendo che suo padre aveva posato la mano diritto sul capo d'Efraimo, gliene seppe male, e prese la mano del padre per levarla dal capo d'Efraimo e posarla sul capo a Manasse. E disse al padre: «Così no, padre mio. Perché il mio primo è Manasse. Posate la mano diritta sul capo di lui». E Giacobbe disse: «Lo so, figliuol mio, lo so: e ti dico che anco Manasse avrà discendenza benedetta; ma il suo fratello minore sarà più grande di lui».

Questo insegnamento non ci è dato a caso. Iddio non guarda ne l'ordine del tempo, nè alle apparenze del mondo, nè alle costumanze degli uomini; ma distribuisce i suoi doni secondo i suoi fini sempre pii e sapienti. Gli uomini, coi loro diritti di primogenitura e di preminenza, vorrebbero ridurre a protocollo la grazia di Dio e stipularla per man di notaro. Ma poi, quando vediamo alcuno posposto e sottostante, pensiamo che Dio nell'altra vita, e forse anco in questa, può prescieglierlo e dargli più autorità e fama e contentezza di cuore al paragone di coloro che intendevano poterlo vilipendere e malmenare.

COSTANZA NEL PERDONO

Or quand'ebbe il pio vecchio predette le sorti venture a' suoi figliuoli e alla discendenza loro (de' quali dovevano uscire le tribù d'Israello), chiuse gli occhi in pace, raccomandando che il suo corpo fosse portato a seppellire nella terra di Canaan, nella spelonca doppia, che prima era di Efron, la quale Abramo comprò col podere, in possesso e uso di sepolcro, dov'erano sepolti Sara ed Abramo e Isacco loro figliuolo, padre di Giacobbe, e Rebecca madre di lui, e Lia la prima sua moglie. Giuseppe, al vedere il suo padre morto, si gettò sul freddo viso di lui, piangendo forte e baciandolo. Piangevano Beniamino e gli altri fratelli, e le mogli e i figliuoli loro. E Giuseppe ordinò che il corpo fosse, come gli Egiziani costumavano, imbalsamato: la qual cosa e' sapevano fare senza sparare il cadavere, come fanno adesso; ch'è operazione di macellaro, e, per usare rispetto ai corpi morti, li lasciano brancicare e squarciare a mano d'estrani. Tutto quanto l'Egitto per settanta dì portò il bruno del padre di Giuseppe; perché nel dolore de' grandi anche i piccoli debbono dimostrar dolore: e cotesto dolore di cerimonia si sa per l'appunto in che giorno abbia principio e in che giorno abbia fine. Senonchè questa volta, essendo Giuseppe sinceramente amato, e Giacobbe onorato com'uomo buono, il lutto de' più e de' migliori non era bugia. Dopo settanta dì Giuseppe pregò il re d'Egitto che gli permettesse ire in terra di Canaan a seppellire suo padre. Aveva Giuseppe grande autorità nel regno; ma non poteva uscir fuori senza chieder licenza: soliti legami de' grandi del mondo i quali in tante cose sono più soggetti de' piccoli che servono ad essi. Andarono con Giuseppe grandi d'Egitto in buon numero, e i fratelli di lui, senza i figliuoli e le mogli, che rimanevano in terra di Gessen. Andavano col corteo carri e cavalieri; e se ne fece moltitudine grande. Quali erano allora i pensieri di Giuseppe in ripassare que' luoghi che tanti anni fa aveva visti servo venduto, in mezzo a gente nuova, e senza speranza di riabbracciare suo padre e dargli novelle di sè? Nel rifare la medesima via, riconosceva le alture e le valli e le acque vive; e rammentava le fermate, i disagi, e l'aspetto delle nubi nere, della notte profonda nel luogo solitario; rammentava le parole amiche e le cure di que' mercanti, men crudi de' suoi fratelli, rammentava le preghiere innalzate dal suo cuore a Dio, e i conforti segreti che Dio gl'ispirava. Passarono il fiume Giordano: e, giunti al podere di contro a Mambre, seppellirono con pianto nella grotta doppia la spoglia del vecchio venerato. E, fatto ciò, ritornarono, in Egitto Giuseppe e i fratelli, e tutta la compagnia di cocchi e cavalieri. La morte del padre destò nei fratelli di Giuseppe il timore; e dicevano tra sé: «Forse che, ricordandosi del male che gli è stato fatto, adesso e' si pensi di rendercene». E non osavano significare questo sospetto, per tema di risvegliare i rancori sopiti, o d'offenderlo diffidando. Ma, risoluti alla fine di non rimanersene in continua angoscia per sè e pe' cari loro; non sapendo come parlargliene essi, mandarono persona fidata dicendo: «Vostro padre» (non dicono nostro padre, perchè sentono di non essere stati fratelli veri, e perchè credono poter meglio commuovere il cuore di Giuseppe con questa parola) «Vostro padre, innanzi di morire, c'impose di dirvi a nome suo queste cose: - Io ti prego di mettere in dimenticanza il peccato de' tuoi fratelli, e il male che fecero a te -. E noi vi preghiamo, o Giuseppe, che a' vostri fratelli, servi del Dio del padre vostro, voi perdonate». Al sentire questa imbasciata, che lo pregavano nel nome del padre suo, nel nome di quel Dio al quale serviva e Giacobbe ed egli e i fratelli suoi, lo pregavano a voler essere generoso, s'intenerì l'uomo e pianse. E come non perdonare a chi adora il medesimo Dio che adoriamo noi, che adoravano i nostri padri? Li fece dunque Giuseppe venire; non già per dolersi della lor diffidenza, che anzi li ringraziava in cuore, che gli aprissero i dubbi loro, perchè a lui fosse più facile assicurarli. Vennero i suoi fratelli e gli s'inchinarono supplichevolmente, dicendo: «Siam servi vostri». Ed egli: «Fratelli miei non temete. Alla volontà di Dio come possiam noi resistere? Voi pensaste di farmi del male: Dio me lo volse in bene, siccome vedete, acciò ch'io giovassi molta gente, e anche voi. Non temete. Avrò cura di voi, e dei figliuoli vostri». E li consolò con soavi parole. Nè mai si disdisse co' fatti: chè fu verso la famiglia del padre suo sempre fratello di cuore.

PIETÀ PRUDENTE

Giuseppe aveva più di cent'anni quando morì. Morirono anche i figliuoli di Giuseppe e de' fratelli; e la stirpe di Giacobbe si era in Egitto venuta moltiplicando in numero e in ricchezza, come pochi e sparsi alberi che via via si distendono in grande foresta. Quello che molto potè a far che prosperi la nazione novella, fu la concordia in cui vivevano, e la vita in campagna, al sole aperto, lungo l'acque correnti, vita modesta e operosa. La memoria di Giuseppe e de' benefizi dal suo governo resi all'Egitto s'era, coll'andar del tempo, illanguidita, come l'armonia d'una voce che va, e va, e poi si perde. Succedette dunque dopo tanti un certo re che non sapeva nemmeno chi fosse questo Giuseppe: e vuol dire ch'egli era un re che non si curava di sapere la storia del paese, e che, non sapendo la storia del paese, non lo poteva nè ben governare nè amare veramente.

Costui, ingelosito del numero e della potenza de' figli d'Israello (Israello era un altro nome dato a Giacobbe: e chi dice Israelita, dice discendente del buon vecchio che ha avute tante grazie e promesse da Dio, e tanto patì), ingelosito costui, disse a' suoi cortigiani: «Vedete questo popolo, come ingrandito! Ingegnamoci col nostro ingegno di schiacciarlo un po'; che non cresca maggiormente; e, caso che guerra ci colga, non si colleghino a' nostri nemici, e da ultimo, fiaccati noi, non escano delle mani nostre». Il bravo re non dice: «Ingegnamoci di farceli amici; e per questo, amiamoli noi». Ne ha paura, li tiene come un pericolo continuo dinnanzi agli occhi; e col farsi odiare aggrava il pericolo. Ne ha paura dentro; e nondimeno non li vorrebbe lasciare che vadano via; vuol fare che diventino tante pecore, buone da mungere, da tosare, da mangiare, da vendere. Costui che dunque si pensa? Di imporre ai figli d'Israello lavori pubblici gravosi molto, e fare che lavorassero sotto mastri egiziani che li malmenavano. Così edificarono palazzi e piramidi, e due intere città più magnifiche di queste nostre. Ma che? Quante più erano le fatiche, e tanto più il numero degli oppressi moltiplicava: e perchè gli eran usi al lavoro, e perchè il lavoro rinforza le membra, e quand'è sostenuto a buon fine, nobilita le anime; e perchè Dio voleva così, per confondere le fiere arti regie. Nè il re solamente, ma non pochi degli Egiziani odiavano i figli d'Israello, e si compiacevano nell'aggravare le loro miserie, e ci aggiungevano il disprezzo e gli scherni. A que' poveretti toccava fare i mattoni per quegli smisurati edifizi, taluni de' quali veggonsi ancora in Egitto, che servivano all'orgoglio de' potenti, e che adesso, come testimoni immortali, gridano dal deserto a tutti i secoli la vanità de' fortunati del mondo stolta e spietata.

Vedendo il bravo re, che tante angherie a mortificare quella gente non bastano, disse alle levatrici del popolo d'Israello: «Quando le donne degli Ebrei partoriscono, s'egli è un maschio, strozzatelo: risparmiate le femmine». Uccidendo nel nascere le speranze e la consolazione del popolo temuto, voleva il tristo re assicurare a sè stesso quiete infame e torba allegrezza; non osava egli fare da boia, e commetteva l'ufficio a due povere donne destinate dalla fede pubblica a soccorrere le madri in quelle ambasce che le stringono e lacerano al momento di dover dare al mondo una creatura di Dio. Ma le levatrici temevano Dio; e però disubbidirono all'empio cenno. Costui se ne accorse; e le chiama, e dice: «Che impertinenza è la vostra? Perchè lasciate voi campare cotesti bambini di cotesta gente?». Le levatrici risposero: «Le donne ebree non sono come le egizie; sanno aiutarsi da sè: e, prima che noi si venga, le tante volte, hanno già partorito». E perchè queste levatrici temettero Iddio, le famiglie loro furono da Dio benedette.

Io voglio credere che, rispondendo a quel modo, le pie donne non dicessero punto bugia; o ch'elleno stesse in quel pericolo insegnassero alle donne d'Israello aiutarsi nel parto da sè; o che le donne d'Israello si trovassero allora altre levatrici proprie; o che alcune almeno di quelle povere donne, o perchè povere o per scampare i loro bambini da morte, si guardassero dal chiamare le levatrici egiziane. E perchè non fosse bugia il detto delle levatrici, bastava che quel ch'esse dicevano, di talune delle donne ebree fosse vero. Or giova sapere per nostra norma, che la bugia non è lecita mai, nemmeno per salvare la vita d'un uomo: ma in certi casi non è necessario dire tutta la verità. Nei pericoli nostri e dei nostri fratelli, quando col dire il vero si risica di far danno a loro e a noi, raccomandiamoci a Dio; ed egli c'insegnerà i modi di fuggire il pericolo, e di rendere onore alla verità; perchè Dio è verità.

Notate qui un'altra cosa. Se queste due donne, nell'intendere il truce comando, avessero con atti d'orrore e con parole mostrato di non volergli ubbidire, avrebbero non solamente nociuto a sè medesime e alle proprie famiglie, ma fatto male alle stesse donne e a' figliuoli del popolo d'Israello: perchè quel re disumano, fatto accorto dall'animo delle pie levatrici e irritato dalla resistenza loro, trovava modi di nuocere più certi e più violenti. Così per qualche tempo almeno la rabbia di lui stette addormentata, come la serpe nel verno. Non sempre bisognava dire in palese ai prepotenti: «Quel che voi comandate io non lo farò»; ch'anzi giova e bisogna talora tacere, e non fare il male ch'essi vogliono. E beato il mondo se tutti i chiamati a fare il male se ne astenessero senza parole!

Lo storico sacro ci conservò, come degni di cara memoria i nomi delle due levatrici buone: l'una Sefora, l'altra Fua. Tanti grandi d'Egitto che scolpivano il nome loro in tante pietre di marmo e granito, che lo scrivevano in mezzo a tante pitture preziose, adesso nessun sa che siano mai stati al mondo; di tanti dotti la memoria è svanita come fumo, perchè la loro dottrina era fumo: ma i nomi di queste due levatrici vivono da migliaia d'anni, e vivranno sino alla fine de' secoli per tutto il mondo, tra i nomi di Giuseppe il generoso e del legislatore Mosè. E perchè questo a loro? Perchè sentirono pietà degli altrui dolori; perchè non temettero i cenni d'un potente scellerato.

CORAGGIO PIO

Allora, per ispegnere il popolo d'Israello, Faraone si rivolse a tutti quanti i suoi sudditi e disse: «Tutti i bambini maschi israeliti che troverete, buttateli nel fiume, e risparmiate le femmine». Tutti i suoi sudditi con una parola egli faceva suoi sgherri: e gli pareva bello essere un re di sgherri. Or pensate lo spavento che siffatto comando avrà sparso in tutte le famiglie d'Israello, e come non pochi degli Egizii stessi ne avessero a sentire vergogna e ribrezzo. I miseri padri e le madri misere come avranno tremato d'aver un figliuolo maschio, che pure è da tanti desiderato tanto, con offesa irragionevole alle povere femmine, le quali talvolta sono più buone degli uomini; con offesa al volere di Dio, che dispone per meglio ogni cosa! Come avranno nascoste le loro creature appena nate, e tremato ai loro vagiti, e forse chiusagli la bocca, e messili in luoghi nascosti e malsani perchè i crudeli non li scoprissero e non li portassero ad affogare, e in questo modo i genitori stessi affrettata a que' teneri bambini la morte! Quando i manigoldi del re salivano le scale per frugare ogni angolo della casa, come il cacciatore va per la foresta cercando la preda, pensate il batticuor delle madri: e se riuscivano a ingannare quella spietata vigilanza, pensate la gioia! Ma gli era forza dissimular la gioia, acciocchè il furto caro non fosse ricercato con più accanimento. Uscito l'un de' satelliti, un altro sopravveniva: ed eccoti nuove ambasce; e bisognava ricoprirle sotto sembiante tranquillo, e fare ai carnefici rispettosa accoglienza. Ma se rinvenivano il frodo sacro, lascio a voi immaginare le ferventi preghiere delle madri e de' padri, le grida e i rimproveri vani, e le minacce, e le preghiere da capo, per muovere que' tristi a pietà. Taluna forse, nell'atto di voler colle proprie mani difendere le viscere proprie, avrà tanto stretto al seno o tanto forte afferrato il gracile corpicciuolo, che più non accadeva affogarlo perchè morisse: e allora altre strida di rimorso, e urla di rabbia, e spasimi peggio che di morte. Ma forse taluni avranno con l'oro comprata, almeno per qualche giorno, misericordia; altri avranno forse a qualche Egizio di cuore umano raccomandato il loro tesoro: altre, piuttosto che vederselo strappare da petto, portatolo nella campagna e raccomandatolo agli alberi, all'aria, al sole di Dio, gli fossero più pietosi che non erano gli uomini belve. E sarà la campagna stata scampo a taluni di que' poverini.

Or avvenne che un uomo della stirpe di Levi (questo Levi era figlio di Giacobbe) prese moglie, un figliuolo; un figliolino tanto bellino, e tanto intendimento mostrava sin da' primi momenti, che pur il pensiero di perderlo era uno sgomento alla madre; ond'ella lo raccomandava a Dio tutte le ore con fiducia. Per tre mesi lo tenne nascosto: ma, vedendo che più non poteva, prese un panierino a modo di navicella, e l'intonacò di pece e bitume, e vi pose dentro il bambino, e mise la navicella nel canneto che sull'orlo del fiume cresceva ben alto. La sorella del bambino, la quale era grandicella, se ne stava alquanto lontano, a vedere quel che sarebbe del suo povero fratellino: e di tanto in tanto andava e faceva cenno alla madre ch'egli era tuttavia lì; e la madre e il padre pregavano a Dio con gran timore, ma insieme con fiducia grande. Quand'ecco la figliuola del re scendere dal palazzo, per bagnarsi nel fiume: chè allora, in mezzo al gran lusso della corte, non usava però bagni caldi nè chiusi tra marmi; ma era più bello bagnarsi laddove il bel fiume faceva seni riposti, con begli alberi giro giro che parevano come le rive d'un piccolo lago; e tra le ombre commosse e il sole e il venticello scherzavano, e la rondinella radeva con l'ala leggera le acque, e d'ogni parte veniva il canto degli uccelli volanti delle alte cime alle erboline della sponda, e dalla sponda alle cime. Intanto ch'ella stava bagnandosi, le sue ancelle passeggiavano lungo la riva. E ella vide la cestella nel canneto, e mandò una di quelle ancelle per essa. Recata che la gli fu, la figliuola del re aperse la navicella, e vi trovò dentro il bambino che piangeva, e n'ebbe pietà. «Gli è, disse, un povero bambino ebreo». La sorellina allora si fece animo, e uscì di dietro agli alberi dove stava e vedere, e disse: «Volete, signora, ch'io vada e vi chiami una donna ebrea, che possa fare al bambino da balia?». Rispose: «Va». E la fanciulla andò e fece venire sua madre. La figliuola del re disse a lei: «Prendi questo bambino e allattalo. Avrai la mercede da me». Con che impeto di riconoscenza si sarebbe voluta la madre gettare a' piedi della donna pietosa! Ma non osava manifestarsi per madre, che non paresse una trama la sua, fatta apposta per ingannare quella grande signora. Or tutti gli uomini, e massime i grandi signori, comportano più leggermente d'essere offesi che il parere ingannati. Dunque la se n'andò col suo bambino chiotta chiotta, come farebbe una balia prezzolata; e, uscita che fu dalla vista delle ancelle, guardatasi bene intorno, e vistasi sola, lo baciò ardentemente; e diceva con voce bassa e tremante: «figliuolo mio!». L'allattò in tutta sicurezza; dacchè tutti sapevano che era in piacere alla figliuola del re: e il re stesso lasciava correre per contentare la figliuola in questo ch'e' chiamava capriccio. Perchè le opere generose certa gente le chiamano capricci se non forse peggio.

Potete credere quanto penasse la madre ogni volta che, pure per poco, le conveniva portar il bambino a corte; non dico per la figliuola del re, che era tanto buona; ma le pesava farlo vedere, come una bestiolina rara, a que' signori che non gliene importava, a loro, nulla, con tutto che facessero le visite di vagheggiarlo e andarne matti. Potete credere con quanta cura l'allevasse alla fede del suo Dio, all'amore del suo sangue, alla compassione de' suoi fratelli sempre più angariati: dico, tutti i figliuoli del popolo d'Israello. La gli istillava nell'anima la pietà degli afflitti, senza però irritarlo a odio contro chi li affliggeva: chè già l'odio guasta il cuore, e offusca la mente, e esaspera gli animi degl'ingiusti, e sciupa da ultimo le faccende; e chi aveva ragione, si mette dalla parte del torto, che peggio non gli potrebbe fare un nemico.

Fatto già grandettino il fanciullo, la figliuola del re disse alla madre che delle sue cure bastava così; ch'ella lo prende seco. La madre s'ingegnava di pur tirare innanzi: ma venne quell'ora che bisognò renderlo, e abbandonare la sua creatura alla gente di corte. Quel giorno pareva alla madre come di mettere un'altra volta il suo figliuolo in una navicella ed esporlo tra le scope del fiume. Lo raccomandò con tutta l'anima a Dio, che gli sia padre e madre. Quando venne dinnanzi alla figliuola del re, pianse e disse: «Ve lo raccomando». E il fanciullo piangeva, e non si voleva distaccare dalla sua balia che la chiamava sempre col nome di mamma. La scrittura Santa non ci racconta nulla di lei; nè se il figliuolo, fatto grande, tornasse seco, nè quando ella morisse; e se vedesse in vita taluna delle grandi cose che questo frutto delle viscere sue fece a salute del popolo d'Israello. La figliuola del re dunque lo tenne come proprio figliuolo, e gli pose nome Moisè, che in quella lingua vuol dire: «Dall'acqua l'ho tolto». Adesso noi diciamo Mosè, perchè i nomi, passando d'una in altra lingua, si vengono trasformando; come gli animali e le piante, d'uno in altro clima, mutano di sembianza. Mosè crebbe ammaestrato bene in quelle cose che gli Egiziani sapevano; e ne sapevano di molte, perchè dagli Egiziani molto appresero i Greci, e anco gli Ebrei e da' Greci, dobbiamo a que' vecchi Egiziani essere riconoscenti degli studi fatti e delle fatiche durate per amore del vero.

Viveva in corte Mosè: nondimeno si ricordava in cuor suo d'essere figliuolo del popolo d'Israello, e commiserava i fratelli angariati. Quando fu giovane fatto, usciva e conversava con essi; e, sebbene potesse sperare di molti beni mondani dal re e dai signori d'Egitto se abbandonasse il popolo suo e lo rinnegasse, egli portò sempre rispetto ai più poveretti; e, non potendo con altro soccorrerli, usava parole affettuose. Non diede ragione al più forte perchè più forte; non disse: «Che poss'io fare per questi disgraziati? Nulla. Dunque penserò ai casi miei». Non si dimenticò mai che sua madre era di questa gente che tanto pativa; che sua madre anch'ella aveva per questa medesima ragione patito. Un giorno egli uscì alla campagna, e passeggiava pensoso: quand'ecco gli vien veduto un Egiziano che picchiava un infelice Ebreo fieramente. Perchè, non paghi gli aguzzini del re, non paghi d'imporre travagli durissimi a quella povera gente, si arrabbiavano contro loro, come se quella povera gente fossero essi, infelici, i tiranni. E una parola, un cenno mal inteso, diventava fellonia di ribelli. L'Egiziano dunque batteva l'Ebreo; tanto e' nè avrebbe forse fatto una bestia che fosse sua; perchè la sua bestia gli sarebbe stato danno a perderla, o tenerla malata. L'Egiziano dico, batteva l'Ebreo. Mosè stette un poco a vedere: si sentì bollir dentro il sangue di pietà più che d'ira: si guardò tutt'intorno, e non vedendo persona, si slancia frammezzo a loro. L'Egiziano credeva poterli attutare tutti e due con le busse: ma ecco Mosè gli menò un colpo tale che lo freddò[1]. E seppellì quel cadavere nella rena.

Fece egli male Mosè a dargli morte? Ci andava della vita di un suo fratello innocente, che sotto quelle percosse sarebbe morto; ci andava della vita di tutti coloro che quel tristo, oramai prendendo gusto al reo mestiere, avrebbe martoriati e altri fatto il simile all'esempio di lui ci fosse stata giustizia in Egitto per gli Ebrei, Mosè poteva e doveva ricorrere, perchè le leggi spassionatamente e solennemente difendessero lui e i suoi ma in Egitto non c'era giustizia per essi. Se dall'uccidere quel cattivo fosse dovuto seguire agli Ebrei maggior male, allora Mosè doveva astenersene. E però prima di saltargli addosso, si diede un'occhiata intorno, non già per paura, ma perchè gli Egiziani inaspriti non diventassero più crudeli, e la difesa ch'egli intendeva di portare a un de' suoi, non tornasse in danno di molti. E però, nel difendere altri dalla ingiustizia, badiamo di non li esporre a ingiustizie maggiori: operiamo non per vendetta cieca o per matta vanagloria, ma con provvida carità.

NOTE

[1] Mosè fu mosso a quell'atto da Dio, che dispone della vita degli uomini.

SOCCORSO AL DEBOLE

Un altro giorno, passeggiando Mosè la campagna, trovò due degl'Israeliti fratelli suoi, ch'erano venuti a rissa: così spesso accade che gl'infelici avviliti dal prepotente si sforzino di avvilirsi fra loro più e più. Mosè a quella vista si commosse di compassione sdegnosa, e disse a quello dei due che aveva attaccata la rissa: «Perchè picchiare il tuo fratello così?». E quel disgraziato, al quale il pio consiglio pareva offesa, rispose: «Chi è che ti ha fatto, te costì, soprastante e giudice nostro? Vuoi tu forse come ammazzasti quell'Egiziano, lì fuori, ammazzar me?». Mosè si mise in sospetto per questa parola; pensò fra sè: «Come mai è uscita in palese la cosa?». O che taluno in lontananza vedesse quand'egli si avventò all'Egiziano; o che l'Ebreo difeso da lui, per riconoscenza o per vanto, lo ridicesse, fatto è che la cosa si seppe; e di bocca in bocca andò serpeggiando il rumore, come poca acqua che goccia da' massi, e si nasconde tra l'erbe, e scende, e si fa ruscelletto, e di più ruscelli, torrente. Talvolta credesi che dalle spie venga il male; e non è vero: con le nostre imprudenze noi siamo a noi stessi spie.

Fatto è che il rumore giunse agli orecchi del re: ond'egli voleva aver Mosè nelle mani e mandarlo a morte. Ma questo scappò nella terra di Madian. Ivi, stanco della lunga via, si sedette a un pozzo che era nel mezzo d'un campo: e il pozzo era con tutt'intorno canali d'abbeverare le gregge. Perchè in luoghi di terreno arido ognun s'accorge quanto l'acqua è tesoro prezioso. E quando noi godiamo con tanta abbondanza questo dono divino che appaga tante necessità nostre con tanto diletto, che ci disseta e ci terge, che senza alcun sapore è tanto dolce al palato, che lascia per le sue particelle passare la luce di Dio, e la rifrange in tanti colori sì belli, che riflette nel fondo puro l'immagine delle colline e degli alberi e delle stelle, che col suo tremolo moto è una gioia alla vista, un'armonia negli orecchi, una vita al pensiero; quando ne godiamo con tanta abbondanza, allora dovremmo pensare a quegl'infelici che patiscono l'agonia della sete; e per un gocciolio d'acqua darebbero, se lo avessero, quant'oro ha la terra. Stava seduto Mosè presso al pozzo, e pensoso della propria sorte, e pieno l'anima dei dolori del suo popolo amato. Adesso egli era libero nella fuga; ma tanti rimanevano sotto il flagello, e senza poter muoversi per cansarlo; come albero su cui discende inevitabile la furia della gragnuola, o gl'insetti lo corrodono infino al midollo. Mentr'egli col capo appoggiato al braccio, e il braccio al ginocchio, guardando a terra, pensava; ecco sette fanciulle venire al pozzo con le gregge del padre loro, tutte figliuole d'un uomo che si chiamava Raguele. Cominciarono attingere l'acqua, e la versavano ne' canali per abbeverare le gregge. Sopravvengono pastori e scacciano le fanciulle per pigliare il luogo essi. Mosè, quantunque occupato da' suoi pensieri, ebbe occhi da vedere l'offesa fatta a quelle fanciulle deboli e sole, ebbe cuore da sentirne rispetto e pietà. Perchè gli animi generosi dai mali proprii acquistano delicatezza a sentire gli altrui, e vigore a voler mitigarli. S'alzò a un tratto; e senza tante parole scacciò via con la mazza e co' calci le pecore di que' pastoracci, che non sentivano la riverenza dovuta al debole, e specialmente alle donne. Volevano sulle prime rivoltarsi, come se l'impertinente fosse lui: perchè a questo mondo chi difende, sovente pare che offenda: ma vedendo, al fare e alla cera, che c'era poco da scherzare con quel forestiero, si trassero in disparte, e lo guardarono in cagnesco. E Mosè non bastando l'acqua attinta, gliene attinse alle fanciulle di sua mano ancora e le pecore bevvero.

E' pare che que' pastori solessero usare a quelle fanciulle di questi soverchi; perchè Raguele, il vecchio padre, al vederle, domandò: «Che vuol dire che voi ritornate più di buon'ora?». Rispose: «Un forestiero, che pare un Egiziano, ha tenuti addietro i pastori; e poi ci attinse l'acqua, e diè a bere alle pecore nostre». E il padre: «Dov'è egli? Perchè lasciarlo andare così? Chiamate quell'uomo, che venga e mangi un boccon di pane da noi». Andarono, e lo trovarono seduto in altra parte solitaria co' suoi pensieri. In nome del padre lo invitarono con franca e innocente allegrezza. E Mosè venne: e, perchè un'opera buona tra gente buona è vincolo di familiarità cordiale, s'intesero presto tra loro, che parevano tutti una famiglia. Così, al primo verde di primavera, vengono varii uccelli da diverse campagne in una valle solinga, e allegri accordano i canti. Mosè propose seco stesso di voler stare con Raguele; e, a suo tempo, chiese in isposa Sefora figliuola di lui. E l'ebbe dal padre; il quale, conoscendolo sempre meglio, andava sempre più lieto d'un genero così buono e di tanto valore.

RIVELAZIONE LIBERATRICE

Se ne stava Mosè nella terra di Madian; e badava alle gregge del suocero per que' luoghi solitarii. Nella solitudine il dolore si acqueta e purifica; nella solitudine l'anima, rimeditando le esperienze della vita passata, le intende meglio come quando da un'altura riguardansi i curvi sentieri del monte, quasi striscia di fiume che serpeggia tra' massi, e l'occhio comprende in un tratto la via lentamente misurata ascendendo. Per quelle cime e per le valli andava Mosè dei dolori del popolo suo diletto parlando alla foresta, alle acque, al duro macigno, all'aurora e al sole occidente, e raccontando ai pastori la storia de' suoi padri, e cantando le lodi divine con essi. Una volta ch'egli aveva, tutto solo, menato il gregge assai spazio dentro nella solitudine, venne a una grande montagna, che si chiamava la montagna d'Orebbe. Giunto a un pianòro, vede una fiamma di fuoco vivo che usciva d'una gran macchia di pruni e prendeva tutta quanta la macchia. Egli stette a vedere alquanto: e la macchia ardeva, ardeva, ma senza che il fuoco la consumasse: e erano varii i colori qua e là della fiamma, e del colore medesimo i gradi varii; qui un fuoco di brace, qui lume di sole, là candore d'aurora, là dolce rossore di nuvolette da sera: e l'un dall'altro colore usciva, e ci rendeva, come melodia di voce con voce, come belle forme di poggi, che d'altura in altura riposano l'occhio corrente per esse; e sotto al vermiglio e al violetto e al rossicante e al ranciato di quell'ardore si discernevano nette come per vetro le tinte chiare e cupe, giovanette e mature, del verde, come discernonsi foglie di rosa galleggianti in ruscello; e nel rado de' rami, e tra il fogliame giocava la luce mirabile, com'aria viva.
Allora disse Mosè fra se stesso: «Vo' ire a vedere che è questa cosa; che la macchia senza fumo arde e senza incenerire». E una voce dal mezzo dell'ardore lo chiama: «Mosè»; e ancora «Mosè». Rispose: «Eccomi». Allora la voce: «Non t'accostare più oltre: sciogli il calzare, e sta a piedi ignudi.

Perchè terreno santo è il luogo ove stai». Mosè fece secondo quella voce; e dalla fiamma sentì: «Io sono il Dio del padre tuo, il Dio d'Abramo, il Dio d'Isacco, il Dio di Giacobbe». Mosè si nascose con le mani la faccia, e chiuse gli occhi; che non osava levarli alla fiamma, e vedere l'Angiolo, che nel nome di Dio gli parla. La voce disse: «Ho veduto i dolori del popolo mio in terra d'Egitto, e udite le grida del popolo per la crudeltà di coloro che soprastanno ai lavori. E, per pietà della loro angustia, io ho destinato di deliberarli dalla man degli Egizii, e condurli in altro paese. Or vieni, e ti manderò a Faraone, e far che tu tragga d'Egitto il popolo mio D'Israello». Disse Mosè: «Chi son io, ch'ho a ire e liberare Israello?». La voce disse: «Io sarò teco: e, per segno ch'io th'o mandato, sappi che, all'uscire del popolo mio d'Egitto, tu ti troverai a far sacrifizio a Dio d'Orebbe su questo monte stesso». Mosè disse: «Andrò dunque a' figli d'Israello e dirò loro: Il Dio de' padri vostri mi manda a voi. Se domandano qual'è il suo nome che ho a dire?». Disse la voce a Mosè: «Io son quegli che sono». Soggiunse dopo un poco la voce: «Dirai a' figliuoli d'Israello: QUEGLI CHE È, a voi mi manda». Parole degne di Dio. Dio solo è; noi ci siamo nel mondo, e tutte le creature che sono nell'universo, perchè hanno l'essere da Dio, ci sono. Dio è; solo Dio è necessario: le creature tutte potrebbero perire, potrebbero non essere. Dio è: non è in tale o tal luogo come noi: è per tutto, è immenso. Dio è: non è in tale o tal tempo come noi, che prima non eravamo, e siamo stati creati: Dio non ha tempo, è eterno. Dio è presente a tutto; dunque veggente tutto: non ha nè passato nè avvenire; è puro atto, infinito. Dio è: dunque, se noi vogliamo trovar vita, pace, verità fuor di Dio, non si può: a lui solo dobbiam chiedere il bene, ringraziare lui solo di quel che siamo. Il falso, il male, non è veramente; il falso, il male è il contrario di Dio, il nulla, la distruzione dell'esser nostro. Chi dice cosa non vera o fa cosa non buona, si sforza, quant'è in lui, di distruggere se stesso e la verità, cioè tutte le cose. Onde, allorchè Dio manda dicendo a Israello: «Quegli ch'è, vi vuol liberare»; dice: se voi sperate libertà da altri che da Dio, sperate dal nulla; avrete nulla.

Dopo quelle parole la voce si fece di nuovo sentire a Mosè in questa forma: «Dirai a' figli, d'Israello: Il Signore Iddio de' padri vostri, il Dio d'Abramo, il Dio d'Isacco, il Dio di Giacobbe mi manda a voi. Il mio nome è eterno; e la memoria di me deve durare e crescere di generazione in generazione. Va', aduna gli anziani d'Israello, e dirai loro: Ho vedute tutte le calamità che v'han colti in terra d'Egitto, e ho promesso di togliervi da servitù. E ascolteranno la tua voce, ed entrerete al re d'Egitto voi e i seniori d'Israello e direte a lui: Il Signore Iddio degli Ebrei ci comanda che usciamo nella solitudine quant'è il cammino di tre giorni, e facciamo sacrifizio al Signore Dio nostro. Ma il re d'Egitto non vi lascerà che andiate, se non suo malgrado da ultimo. E io percuoterò l'Egitto con meraviglie di terrore, le quali farò in mezzo a loro: dopo ciò, andrete liberi». Coll'insegnare che dicano: «Lasciaci uscire tre giornate di cammino». il Signore non consiglia già a dir menzogna: dacchè non ingiunge che promettano: «Dopo fatto il sacrifizio, ritorneremo». Anzi c'insegna in che maniera abbiano i deboli a governarsi con gli uomini prepotenti: non dire mai falso; ma quella parte di verità che può farsi un'arme nella man de' nemici, quella tacere.

Mosè rispose dicendo: «Non mi crederanno i figli d'Israello, non ascolteranno la voce mia: ma diranno: Non ha parlato il Signore a te». Allora Iddio, per prova della sua missione, diede a Mosè potestà di fare alcune cose mirabili, come trasformare la sua mazza pastorale in serpente, e convertir l'acqua pura in sembianza di sangue. Iddio che ha creato e l'acqua e il sangue, e il legno e la serpe, e ogni cosa, può bene, quando gli piaccia, mostrare una creatura in luogo dell'altra ai sensi nostri: e, così facendo, non infrange le leggi della natura punto. Chi dice questo, immagina che la natura sia maggiore di Dio; che il Creatore delle cose abbia meno autorità d'un fattor di campagna il quale può adoperare un arnese invece d'un altro per suoi fini. La creazione delle cose è il maggiore miracolo; miracolo che si rinnova ogni momento nella conservazione, la quale è una serie di generazioni incessante; e in queste l'una cosa trasmutasi in altra, l'acqua in vapore, l'aria in solido, l'umor della terra in fiori e in frutte, il pane in sangue e in membra viventi, al nostro pensiero ministre. E non tocca noi miserabili e d'ignoranti insegnare a Dio quel ch'egli ha a fare, e assegnarli quel che fare egli può. Certo, non tutte le cose che trovansi nelle leggende, hanno a tenersi per miracoli operati da Dio: ma quelle che le Scritture Sante raccontano, quelle sì senza fallo.

Quand'ebbe Mosè visti questi prodigi che gli era conceduto di mostrare acciocchè tutti credessero che Dio vuole libero il popolo suo; non s'acchetò, ma «Signore, vi prego», soggiunse: «io non son uomo d'ornate parole: e d'acchè mi avete parlato, sento che, dallo sgomento e dalla quantità delle cose che avrei a dire, ho la favella più che mai tarda». Disse il Signore a lui: «E chi diede all'uomo la lingua? chi creò il cieco e l'alluminato, chi se non io? Or va: e io t'insegnerò le cose da dire». Allora Mosè: «Vi prego, Signore, mandate chi deve essere mandato da voi». E forse accennava a quel Salvatore desiderato dalle genti, che i Patriarchi aspettavano, e avrebbe liberati da giogo più grave gli uomini tutti. Ma il Signore alle dubbietà di Mosè rispose:«Aronne, fratello tuo, è uomo che ha facile la parola. Ecco, e' ti viene a rincontro; e si conforterà nel vederti. A lui parla tu, e poni nella sua bocca le mie parole; e io per voi parlerò: e vi mostrerò quel ch'abbiate a operare. Egli ragionerà in tuo nome al popolo; e sarà come la lingua tua: e tu a come debba adempiersi la mia volontà porrai mente».

Udite queste parole, discese Mosè dal monte e aveva sempre negli orecchi la voce, e negli occhi la fiamma; e ogni pianta veduta scendendo da monte pareva che gli parlasse di Dio. Venne al suocero e gli disse: «Conviene ch'io me ne vada, ch'io ritorni a' miei fratelli infelici in Egitto per vedere se campano, e come». E il suocero gli disse: «Va con la pace di Dio». Prese dunque Mosè la sua moglie e i due suoi figliuoli e si mise in via: la sua famigliuola a caval d'un asinello, egli a piedi, con in mano il bastone pastorale ch'egli aveva sul monte Orebbe. Con questo apparecchio ritornava questo povero sbandito per empiere di maraviglia e di sgomento i cortigiani e i sapienti e gli abitanti tutti dell'ampio regno d'Egitto: perchè piace a Dio eleggere i deboli per abbattere i forti, e donde men s'aspettava fa procedere la salute. Così de' cenci d'un pezzente gettati sulla strada, si fa carta, e vi si scrivono parole che ammaestrano i savi, fanno tremare i cattivi, e rendono i buoni migliori.

Ad Aronne intanto il cuore diceva (così vuole Dio), che il fratello era già per venire. E gli andò a rincontro buono spazio di via e lo rincontrò nel sentiero della montagna e si baciarono. E Mosè espose ad Aronne i comandi da Dio ricevuti, e le promesse di fatti meravigliosi. E fecero insieme la strada ragionando degli antichi dolori e della speranza novella. E giunti in Egitto, radunarono segretamente tutti i seniori de' figli d'Israello, siccome quelli che era da credere avessero e pe' vincoli di famiglia più affetto alla patria, e per gli anni e per le faccende, maggiore senno. Espose Aronne le promesse che aveva Mosè ricevute da Dio: e i figli d'Israello dettero fede; e s'accorsero che Dio aveva misericordiosamente riguardato alla loro afflizione. E tutti commossi nell'anima, resero a Dio grazie di cuore.

DEL CONCEDERE A TEMPO

Andarono Mosè con Aronne al re d'Egitto, chiedendo nel nome di Dio ch'e' lasciasse ire il popolo d'Israello a sacrificare lontano dai luoghi abitati. E quel re sciocco e tristo rispose: «Chi è cotesto vostro signore Iddio, ch'io abbia a ubbidirgli, lasciar uscire Israello? Non lo conosco il vostro Dio; e non vo' che Israello se ne vada». E perch'eglino ripregavano, il re tristo e sciocco soggiunse: «Ah voi altri due costì, perchè dunque distogliete voi il popolo dal suo lavoro? Andatevene, e badate a' fatti vostri».
E il re tristo e sciocco pensò fra sè, e disse: «Questo popolo è cresciuto in numero grande: or che sarà se smette un poco i lavori?». Impose pertanto il re a' soprastanti, che facessero le comandate ancora più gravose di prima. «Gli han troppo buon tempo, diceva, cotesti sfaccendati; e per questo si pensano d'uscire e far sacrifizi al loro Dio come a spasso. A forza di fatica attutiamoli, e non avran voglia di dar retta alle imposture di que' due cattivi soggetti». Ma perchè quel tanto soprappiù di lavoro non era possibile darlo fatto nel tempo assegnato (bisognava cuocere gran quantità di mattoni per que' grandi e molti edifizi d'Egitto), gl'impiegati del re se la pigliavano co' capi del popolo ebreo che dovevano rispondere per tutti quanti, e li bastonavano duramente. Questi se ne lamentavano al re; e il re rispose: «Avete troppo buon umore voi altri e non sapete come a me la mi gira. Lavorate, e chetatevi». Allora gli Ebrei soprastanti al lavoro la presero con Mosè e con Aronne, che li avessero fatti venire più in uggia al re, e messagli in mano la spada da far del popolo gli strazi estremi. Così segue spesso che gli uomini coraggiosi sostengano querele e raffacci da coloro stessi a' chi intendevano di giovare. Mosè per tali querele si scorava; ma Dio gli mise in cuore fiducia novella, rammentandogli le promesse fatte, di trarre Israello dalla vilissima servitù.
S'ingegnava Mosè d'infondere ne' figli d'Israello la propria fidanza: ma

l'avvilimento vecchio e le nuove angherie li fiaccavano tanto che non sapevano dar mente a conforti. Allora Mosè con Aronne si ripresentarono al re tristo e sciocco; e fecero in sua presenza diversi prodigi, che lo sbalordirono: ma il suo cuore era duro. Perchè l'uomo sordo al dolore altrui, difficile cosa è che senta altra voce. Come da dolori, così da prodigi torceva lo sguardo quel re tristo e sciocco; non ci voleva pensare. E Mosè rinnovava ogni tanto la sua richiesta in nome del popolo e di Dio, e annunziava nuovi flagelli al re ed al suo regno, se pur negasse; ma il re tristo e sciocco nella stretta dell'angustia prometteva, e poi rinnegava la propria parola; come sogliono i prepotenti; che di cotesta vergogna se un povero si macchiasse, lo tratterebbero da furfante e da bindolo. Vedeva nel fatto il re tristo e sciocco, che i suoi Dei non ce ne potevano al paragone del Dio di questo popolo disprezzato; ma, appena restata la necessità, ritornava quel disumano di prima. E intanto, per cagione della sua stupidezza nel male, pativa la nazione egizia tutta quanta: gli oppressori pativano; e gl'Israeliti oppressi, vivendo in mezzo a loro, eran liberi de' flagelli. Così segue talvolta nel mondo, che il più poveretto va salvo dalla tempesta la quale schianta il superbo. Il re tristo e sciocco, per tema di umiliarsi una volta condiscendendo a giusta richiesta, si avviliva le cento volte in modo più abietto, concedendo, e poi negando, e poi pregando, e poi insultando ancora, e poi confessandosi reo, e poi sbuffando di rabbia impotente. Ma Dio volle mettere questo disgraziato come documento a tutte le genti e a tutti i secoli, di quel ch'è innanzi a Dio l'arroganza de' dominanti quaggiù. E pure, a ogni volta che il reo re fa le viste di ripentirsi, Mosè fa cessare il flagello o degl'insetti o della grandine o del contagio, o altri simili; per insegnarci quanto di buon grado rimeriti Iddio ogni disposizione al meglio, e quanto sia facile cansare in tempo la pena.

Finalmente, stanchi i sudditi di Faraone, quantunque avvezzi a servire alle follie scellerate di colui, finalmente stanchi gridarono: «A che gioco giochiamo? Fino a quanto s'ha egli a soffrire noi? Lasciate pure che cotesti uomini se ne vadano e facciano al Dio loro le cerimonie». Fu dunque richiamato Mosè con Aronne e il re disse loro: «Ite pure e sacrificate. Ma quanti avete a ire?». Rispose Mosè: «Co' bambini nostri, co' vecchi anderemo, co' figliuoli e con le figliuole, con le gregge e gli armenti: perchè solennità del Signore Dio nostro è questa che dobbiam celebrare». Disse il re: «Se Dio v'aiuti, ma come volete voi ch'io vi lasci ire con le vostre famiglie? Chi non vede che voi rivolgete in mente qualche perfida cosa? Così non sarà. Andate soli, voi uomini, e fate sacrifizio quanto volete». E li cacciò via. Allora nuovi flagelli. E allora il re a confessare di nuovo il suo peccato: «Ho peccato contro il Signore Dio vostro, e contro di voi». Questi poveri calpestati, e' li nomina subito dopo Dio; dacchè li vede da Dio difesi tanto potentemente. Certe anime abiette non riconoscono il pregio nè il diritto altrui non per via del terrore: la forza è l'interprete che deve a costoro interpretare le parole della verità nel suo linguaggio tremendo. «Ho peccato, diceva: Chiedete remissione». E quando il flagello ristette alle preghiere di Mosè; e il re di nuovo a negare. Allora nuove calamità. E il re di nuovo li chiama e dice: «Andatevene; e vadano i vostri bambini con voi; non rimangano che le gregge e gli armenti». Mosè voleva condurre via gli animali; e il re tristo e sciocco non lasciava che se n'andassero via gli animali; e gli disse quasi foss'egli l'offeso e l'annoiato, e Mosè il mancatore e l'impronto: «Via di qua (disse); e bada bene di non più comparirmi dinnanzi. Se vieni, sei morto». Rispose Mosè: «Sia così. Non vi comparirò più dinnanzi».

Ma già i cortigiani e tutto il popolo d'Egitto avevano riconosciuto, con la potenza, la generosità di Mosè: egli più che re, e il re pareva meno che un mascalzone. I figli d'Israello s'apparecchiavano intanto con cerimonie religiose e preghiere ferventi alla gran dipartenza, e concordemente ubbidivano alla voce del capo loro, Mosè: perchè la concordia è caparra unica di successo buono; nè concordia può essere laddove gli uomini ricusino di ascoltare gli ordini de' maggiori, il consiglio de' migliori. Mosè parlava ai seniori del popolo, ed eglino distribuivano gli ordini suoi come pene di vita e com'arme di difesa sacra. Quando da ultimo la morte mietè in una notte i figliuoli primogeniti di tutte le case d'Egitto, e che tutto il paese fu un grido di affannoso spavento, perchè in ogni casa che avesse figliuoli si era a un tratto trovato un cadavere; allora il re crudelissimo, riscosso dalla stupidità sua, prima che aggiornasse, mandò per Mosè e per Aronne; e, venuti che furono, invece d'ammazzarli siccome già minacciava, pregò egli loro di quel ch'essi avevano pregato lui tanto tempo umilmente; pregò se n'andassero tutti quanti con gli armenti e le gregge. E gli Egiziani tutti li pressavano a irsene presto via, e dicevano: «Che non si muoia noi tutti». Così se ne uscirono, distinti ordinatamente in ischiere secondo le schiatte, secento mila uomini, senza i bambini e le donne; e pecore e buoi e animali in numero grande molto. Quando prima i figliuoli di Giacobbe posero piede in Egitto, non erano che settanta. In quattrocento trent'anni di travagli moltiplicarono tanto: dappoichè il Signore volle così.

Usciti che furono del luogo detto Socot, Mosè disse al popolo: «Ricordatevi sempre di questo giorno che siete usciti dal luogo di servitù; ricordatevi come nella sua potenza Dio vi ha liberati. E la memoria della libertà vi sia come un anello di ricordo nella mano, e come dinnanzi agli occhi un'immagine sempre viva: acciocchè, per riconoscenza di tanto, la legge del Signore, o Israello, ti sia sempre nel cuore, sempre ti sia sulle labbra. E sia la solennità di questo tempo solennemente da te celebrata per tutte le generazioni con culto sempiterno; e si tramandi dai padri ai figliuoli come legittima eredità». Così si misero in cammino, e presero non attraverso ai paesi abitati, che tanta moltitudine non paresse ai popoli di colà minacciosa, e non insorgessero guerre, dalle quali atterriti i figli d'Israello si ritornassero in Egitto alla vita schiava. Ma presero dalla via del deserto, ch'era lungo il mar Rosso: e, chiudendo nel mezzo le donne e i vecchi e i bambini andavano armati in bella ordinanza. E prese Mosè le ossa di Giuseppe con seco, essendochè aveva Giuseppe, morendo, pregato i figli d'Israello, e dettogli: «Quando Iddio vi farà liberi, portatene con voi le mie ossa»[1]. La sua spoglia mortale e' voleva che riposasse congiunta alle spoglie de' padri suoi in terra al culto di Dio consacrata.

Quando il re d'Egitto, riavutosi dalla paura, seppe che tutto il popolo già era lontano; si rivolse l'animo suo all'iniquità di prima: e con lui si mutarono al peggio i cortigiani suoi, come accade; e dissero: «Che abbiamo noi fatto a lasciare Israello, e privarci della sua servitù?» Non pensano al pericolo passato, pensano al presente danno: l'orgoglio esulcerato, la vanità malcontenta del perdere que' servigi di tante migliaia, gli abiti del comandare subitamente interrotti, il rancore contro questi sciagurati schiavi, che dopo tanti anni di silenzio si sognano di farsi vivi, l'avarizia, commossero a voglia di vendetta non solamente il re tristo e sciocco, ma non pochi de' grandi che talvolta son peggio di loro. E s'accinse a inseguire gli Iraeliti con cavalli e con carri, e con gran forza d'armi. Ma i figli d'Israello passarono il mare, maravigliosamente apertosi, lo passarono a piede asciutto; e gli Egizii, volendo tenere lor dietro, tutti quanti affogarono. E Mosè con tutto il popolo cantò un inno a Dio che li aveva prodigiosamente dalla lunghissima servitù liberati.

Levatisi dalla riva del mare, camminarono tre giornate per un luogo arido e solitario: poi vennero in Mara; poi in Elim, luogo ameno, con dodici fonti d'acqua viva, e giro giro settanta alberi grandi di palme. E lungo le acque spiegarono tutti le tende. E mossisi da Elim, vennero al deserto di Sin, ch'è tra Elim e il monte Sinai; chè erano dall'uscita d'Egitto passati quaranta cinque giorni. E perchè la grande moltitudine, con tanti impedimenti ch'ella aveva, muoveva molto lentamente, Mosè pensò di mandare intanto nella terra di Madian Sefora sua moglie co' due figliuoli, che vedessero i loro parenti per l'ultima volta su questa terra. Ci andò Sefora, consolata della libertà novella del popolo d'Israello, e delle grandi cose che aveva operate Iddio per la mano di suo marito, di quell'uomo che ella incontrò fuoruscito e poveretto al pozzo dell'acqua viva, e un atto generoso fu pegno del loro amore. Andò consolata Sefora di ciò, ma dolente che più non vedrebbe nè la casa ove nacque, nè i monti noti.

NOTE

[1] Giuseppe voleva che le sue ceneri fossero deposte, con le ceneri dei suoi padri, nella terra da Dio promessa al popolo d'Israello.

SCOMPARTIRE E COMUNICARE I DIRITTI

Or quando Mosè ebbe col popolo ebreo spiegate le tende, appiè del monte Sinai, ecco Sefora che, distaccatasi da' suoi, gli ritorna co' due figliuoli; e Ietro veniva con loro, il suocero di Mosè. Avutane novella, Mosè gli andò incontro; e lo baciò con affetto così rispettoso come suol essere l'affetto vero; e si dissero cordiali parole. E ragionando entrarono nella tenda, e Mosè narrò al suocero le grandi cose operate dal Signore a pro d'Israello, e tutte le incomodità della via: le narrò senza vanto, a Dio dando merito d'ogni cosa, e parlando il meno che poteva di sè. Ietro si rallegrò che Israello fosse così mirabilmente libero dalla mano de' tristi re. E disse: «Benedetto il Signore che v'ha liberati. Iddio solo è grande. Vollero superbamente portarsi contro esso, che è solo grande: provocarono in sè la pena». Offerse Ietro sacrifizii al Signore, lui riconoscendo Dio unico. E vennero Aronne e tutti gli anziani d'Israello, e mangiarono in sua compagnia con tranquilla allegrezza religiosa.

Il dì seguente, Mosè sedette a giudicare le differenze' del popolo; e i figli d'Israello stavano lì aspettando ciascun la sua volta da mane a sera. Giudicavasi allora all'aperto, all'ombra d'un albero, quasi invocando testimoni e mallevadori e giudici e il cielo e la terra. Ed erano spediti i giudizii, perchè prezioso il tempo a' litiganti, i quali avevano fede nel giudice; e, le leggi essendo nelle antiche consuetudini della nazione, ognun le sapeva, senza aiuto venale d'avvocati imbroglioni. Or vedendo il suocero la maniera tenuta da Mosè con il popolo, disse: «Ma perchè sedere voi solo giudice, e che il popolo se ne stia aspettando dall'alba alla sera». Mosè rispose: «Il popolo viene a me quando insorge differenza tra loro, perchè io son giudice, e giudico secondo i comandamenti di Dio e le sue leggi». E Ietro a lui: «Non mi pare che sia ben fatto così. Ci patite senza pro e voi e tutta la gente. Cotesta è fatica oltre alle forze d'uomo, nè la potete di per voi

45

solo. Or udite le parole del mio consiglio; e Dio sarà con voi spero. Voi, Mosè, badate principalmente alle cose divine, e insegnate al popolo le leggi de' costumi, e le cerimonie religiose. Eleggete poi da tutta la nazione uomini autorevoli e pii, d'animo verace, e dell'avarizia nemici: e questi ponete per giudici, chi di cinquanta, chi di cento del popolo, e chi dell'intera tribù: che ricorra il popolo prima ai primi, e poi su su, ove de' primi non si soddisfaccia; eglino definiscano le liti minori. Le più gravi, genero mio, rechinsi a voi. Così, scompartito tra molti, il peso vi diverrà più leggiero: così adempirete meglio il precetto di Dio, e tutto questo popolo spiccerà le faccende più presto, e si chiamerà più contento e di voi e di sè».

Udito questo consiglio, Mosè ci pensò, e docile lo seguì. A uomo vano della propria autorità e duro nella propria opinione, sarebbe parso cosa indegna piegarsi all'altrui consiglio, al consiglio di persona tanto minore in grado e in fama; sarebbe parso cosa malaccorta spogliarsi spontaneo di parte della propria autorità. Ma il savio Mosè, col comunicare ad altri parte di essa potestà, fece a sè e a tutto il popolo molti beni: deliberò sè stesso da tante cure noiose; si deliberò dal pericolo di giudicare in modo o ingiusto o stolto per non ben sapere i fatti nelle particolarità, dalle quali sovente rivelasi meglio quel ch'è giusto; si deliberò dall'odiosità di sentenze spiacevoli, delle quali i giudici minori risponderebbero nel cospetto della nazione e di lui; si deliberò dal sospetto in che l'avrebbero parecchi tenuto di voler tutto a sè, di non si fidare a nessuno: col chiamare i migliori e i più reputati in parte del governo, li affezionò al governo, e a se stesso; rassodò l'autorità e l'ordine e la concordia: ma, quel ch'è più, assicurò a tutti quanti giustizia più pronta, più piena ed accetta; e preparò agio a sè stesso, alleggerito così delle piccole brighe temporali, ad attendere al bene dell'intera nazione, e al ministero delle cose di Dio, Dio di tutti i beni datore. Paragoniamo la sciocca rovinosa ostinazione del re d'Egitto con la prudente e fortunata docilità di Mosè; e il bell'esempio c'innamorerà sempre meglio.

Il popolo, che, quando non sia ubbriacato da momentanea passione, vede più diritto e sente più sincero che molti sapienti e potenti, alla proposta di Mosè disse: «Questa che tu intendi fare, Mosè, è buona cosa». E egli, scegliendo dalle dodici tribù d'Israello gli uomini più prudenti e più riputati, li prepose al popolo, non solamente che definissero le liti, ma che s'ingegnassero a prevenirle, ammaestrandolo a discernere quel ch'è di giustizia e a cedere parte del diritto con equità generosa. E disse ad essi: «Prestate orecchio a tutti; sia nostro, sia forestiero, non fate accezione di persona: ponete mente alle parole così de' piccoli come de' grandi. Non badate alla condizione dell'uomo nè alle apparenze; perchè il giudicare è cosa sacra, da farsi nel nome di Dio, dinnanzi al quale non sono nè ricchi nè poveri, ma uguali tutti».

LEGGI GIUSTE E PIETOSE

Il terzo mese dopo l'uscita d'Egitto, vennero i figli di Israello nella solitudine del Sinai; e si spiegavano a piè del monte le tende. Com'era bello vedere questo milione d'uomini, e più, camminare in ordine per la deserta via, e lampeggiare nel sole le armi e le insegne; e tutti conoscere a certi segni il punto del muovere, del fermarsi, del cominciar gli apparecchi, dell'inchinarsi alla comune preghiera! Come bello sentire il canto di tante migliaia, che volava sopra i pianti de' bambini, e i belati delle gregge pascenti, e si distendeva co' raggi primi dell'alba, e col primo venticello della sera; si distendeva per l'aria, commossa insin allora non da altro che dai lontani urli e ruggiti delle fiere, e dal percuotere che ha la bufera nella foresta! Ascese Mosè il sacro monte: e gli parlò l'Angelo in nome del Signore, e gli disse: «Queste cose annunzierai alla famiglia d'Israello: Avete veduto quel ch'io feci agli Egizi dispregiatori di voi; ch'io v'ho portati quasi sopra ale d'aquila, e levati a me. Se dunque osserverete il mio patto, sarete il popolo diletto a me». Mosè venne, e adunò i capi delle famiglie ed espose le parole del Signore; e il popolo tutto promise di accettare la legge di Dio per sua legge. Allora Dio impose a Mosè che ordinasse a tutto il popolo di prepararsi, per tre dì, con opere buone, con la mondezza sì delle membra e sì de' pensieri; e che poi riceverebbero la sua legge. Il terzo dì, sullo chiarire del cielo, ecco tuoni scoppiano di su al monte, e lampi guizzanti, e una nuvola densa investì la montagna; e dalla nuvola, solcata da' lampi, uscivano confusi ai tuoni, suoni di trombe acuti e forti, gradatamente crescenti. Onde il popolo ebbe sgomento. Mosè lo fece stare alle falde. E tutto il monte fumava, e attraverso al fumo appariva nell'alto un'ampia fiamma; ed era terribile quella vista; intanto che dalle altre parti il cielo era puro e quieto, e gli alberi si rallegravano nella luce novella. E dal monte gli squilli della tromba sempre più lunghi discendevano per l'aria e per la campagna: e la fiamma correva e tremolava, come grandi lampane rotate in giro, rompendo le tenebre che si richiudevano dietro a quella come fa l'acqua del mare alla barca che rapida la solcò. E quel buio era qui cenericcio come nuvolo, lì nero come caligine, altrove azzurrino come il sereno della notte stellata; in cima del monte sorgeva la fiamma come d'immensa fornace, e pareva che andasse su su fino al cielo. Mosè ascese il monte, e Aronne seco; e una gran voce fu da tutto il popolo udita di più che umano suono, che usciva di mezzo alla fiamma; e diceva i precetti della legge santa, i quali Mosè scrisse sopra due tavole di pietra a memoria perenne. E questa legge per secoli fu guida al popolo d'Israello. Com'ella sia cosa ispirata da Dio, lo conosce chi raffronta la legge di Mosè con le leggi de' popoli più inciviliti e più famosi che innanzi la nascita di Gesù Cristo fossero sulla terra. Rammenteremo alcuni de' più notabili tra' suoi precetti, tra quelli che la legge cristiana ha confermati, e più liberamente ampliati.

DIO, UNICO, PADRONE

«Io sono il Signore Dio tuo, che ti tolsi dalla terra d'Egitto, dal luogo di servitù. Non avrete altri Iddii: non vi farete imagine scolpita, nè altrimenti, di cose che sono su in cielo o sulla terra o dentro dell'acque, per inchinarvi a quelle immagini come a deità». A che segno dà egli il Signore a conoscere a questo popolo la sua verità? A questo, dell'averli fatti liberi dai vili dolori della servitù. E in riconoscenza dell'aver resa ad essi dignità, gli comanda che sappiano conservare l'umana dignità; non adorino le creature, a Dio solo servano; levino l'anima più alto che le immagini delle cose materiali, le quali la fanno schiava. Perchè, se l'uomo non stimasse troppo le cose materiali, non si farebbe mai servo alle altrui prepotenze e ai capricci.

Se Israello promette di non voler servire che a Dio; a vicenda Iddio a lui promette: «Manderò l'Angelo mio, che preceda a te nel cammino e ti difenda per via: benedirò al tuo pane e all'acque perchè tu non serva agli Dei delle genti. Non giurate per essi; non s'oda sulla lingua vostra né manco il nome loro. Rammentatevi che Iddio vi trasse da quella rovente fornace di ferro, dalla schiavitù d'Egitto, per farvi la sua nazione. Conservate i precetti miei tutti, e meditateli sedendo in casa e andando per via, nel coricarvi e nel destarvi dal sonno; raccomandateli a' vostri figliuoli e a' nepoti. Amate il vostro Dio e con tutto il cuore, con tutta l'anima, con tutte le forze dell'essere vostro. E quando i vostri figliuoli domanderanno che significhino questi riti e queste commemorazioni, direte: eravamo servi d'un re là in Egitto; Iddio ci ha liberati, e ci ha comandato d'amarci sempre».

Ma Dio sapeva che il popolo sconoscente avrebbe poi dispregiato il suo culto, per farsi schiavo agli Dei delle genti: egli annunziava che, in pena di ciò, Israello sarebbe divorato dalle ire e cupidigie degli strani, e che molti mali verrebbero sopra lui, e molti dolori. E però volle Dio che Mosè prima di morire dettasse, come testamento, un canto ai figli d'Israello; e ch'eglino

51

lo conservassero in iscritto ed in mente, come testimonianza del patto formato tra il Signore e loro, patto di libertà sacra e d'amore. Perchè quelle memorie che adesso affidansi alle cancellerie ed agli archivi de' notari o alle storie, scritte da' letterati in linguaggio noioso e assai volte difficile, quelle memorie anticamente venivano conservate ne' canti; e i vecchi le insegnavano ai giovanetti, e le madri ai bambini: e così le ore dell'allegrezza domestica e pubblica, e le feste solenni, erano piene di ricordanze patrie e rinfrescavano nel pensiero le gioie e i dolori e gli ammaestramenti dei secoli. E però disse a Mosè: «Quando afflizioni e affanni verranno al popolo d'Israello, allora intuonino questo canto, che tu gli darai: e questo canto farà vece di risposta in mio nome ai dubbii e a' preghi loro; sarà testimonianza dei benefizi antichi, e mallevadoria delle benedizioni avvenire». Dunque Mosè, innanzi a tutto Israello che l'ascoltava, cantò questo canto: «Udite, o Cieli, le mie parole; e le ascolti la terra. Come pioggia che in alto s'accoglie, venga il mio insegnamento; discenda come stille di rugiada sull'erba crescente. Invocherò il nome di Dio: al nostro Dio date lode. Le opere di Dio son perfette; giustizia son tutte le vie di lui. Fedele Iddio alle promesse sue, e senza macchia. Peccarono dinnanzi a lui, si macchiarono come se non fosser suoi figli. Tal ricambio, o popolo stolto, gli rendi? Non è forse Dio il padre tuo, che ti possiede, che ti fece e creò? Rammentatevi i giorni antichi: per le generazioni trascorse scenda il pensiero. Interroga tuo padre, e te lo dirà; i tuoi maggiori, e te lo narreranno. Rinvenne Israello in terra deserta, in luogo di paurosa solitudine; e gli fu guida e maestro, e come l'uomo custodisce la pupilla dell'occhio suo, lo ha custodito così. Come l'aquila addestra al volare i suoi nati, e vola sopra ed intorno, e sulle penne li regge. Il Signore tua guida unica, o Israello; nè altro Dio che lui era teco. S'impinguò il popolo diletto e si fece ricalcitrante; e si allontanò da Dio, sua salute. Sacrificarono a nuovi Dii: abbandonasti quel Dio che ti fece, dimenticasti a chi devi tutto. E disse Iddio: Questi figli infedeli m'offesero per cosa che non era Dio, per stoltezze intesero farmi guerra. E io permetterò che li offenda un popolo che non è nazione, che una gente stolta li vinca. Uomini senza consiglio nè senno! intendessero almeno il presente, e antivedessero l'avvenire! come è mai che un uomo possa mettere in fuga mille, e come diecimila aver paura di dieci, se non perchè Dio permise che vendessersi come pecore, fossero serrati in ovile? Giudicherà il Signore il suo popolo, avrà misericordia de' suoi fedeli. Li vedrò fiaccati del braccio, rinserrati, languenti; e dirò: dove sono i loro Iddii, cui vano spera? Vengano ora, e vi difendano, nella necessità. Vedete, ch'io son l'Uno, e non è altro Dio fuor di me. Io darò morte, e ridarò la vita: io percuoto e risano; e non è chi possa ritogliere l'uomo dalla mia potestà».

Queste e altre cose disse, prima di morire, Mosè, come suggello della legge rivelatagli da Dio, unico Signore di tutti. Seguitiamo notando taluni tra i maggiori precetti di questa legge.

IL NOME DI DIO, E LA VERITÀ

«Non nominare il nome del Signore Iddio tuo invano».

Chi rispetta le cose veramente grandi, e non ne fa mal uso, quegli solo saprà non dare gran peso alle dappoco, saprà usare con giusta misura tutte le cose. Taluni bestemmiano il nome di Dio, e poi temono di rammentare il nome d'un ricco o d'un grande senza i suoi titoli, che tante volte non gli appartengono nemmeno. Perchè sono anime vili; perchè non han da temere carcere o multa quando bestemmiano: ma far dispiacer a un titolato o una donna galante, e aver nome di malcreato pare a costoro vergogna grave.

E per questo, che dobbiam rispettare il nome di Dio, egli comanda per Mosè di non mai dire il falso, perchè Dio è verità. E in un luogo della Legge unisce insieme i tre seguenti precetti con ammirabile sapienza: «Non rubare - non mentire - non ingannare il tuo prossimo»; per insegnare che il bugiardo è un ladro, il quale tende a rubarci il conoscimento del vero, il più necessario bene nostro.

Molto più abbominevole è la bugia quando trattasi di testimonianza falsa, fatta per nuocere a persona innocente. E badiamo che non son falsi testimoni coloro soltanto che si presentano in giudizio per questo; ma falsi testimoni, più rei o meno, son tutti che affermano a danno o al disonore degli altri cosa che non sappiamo di certo essere vera. E però nel conoscere il vero dal falso, segnatamente laddove si tratti d'aggravare i fratelli, andiam circospetti: non corriamo dietro alla turba degli stolti (stolti ancora più che cattivi) i quali, al sentire cosa che possa far torto altrui, prestano fede subito, e l'abbracciano come lieta novella, quasi che il male sia cosa da consolarsene; quasichè l'accusato non sia un uomo anch'esso, partecipe della natura nostra; onde la vergogna di lui, se non siamo snaturati, viene a essere nostra.

COME PROVVEGGANO ALLA DIGNITÀ DELL'UOMO LE FESTE

«Ricordati di santificare la festa. Sei dì della settimana lavorerai; il settimo giorno è la festa del Signor Dio tuo. Perchè ne' sei giorni Dio fece il cielo e la terra e il mare, e tutte le cose che sono in quelli; e al settimo l'opera fu compiuta»

A molti degni usi serve la festa, istituita da Dio per nostro riposo e ammaestramento e conforto. Un riposo, ogni tanto, dalle fatiche e dalle cure ci vuole; che il corpo non venga meno, e non s'accorci la vita, lo spirito non languisca, e nelle sollecitudini mondane e basse non perda della sua altezza e purezza. Che mai sarebbe la vita, sempre occupata a lavorare materialmente, a mettere insieme soldi? Oh che ricco dono, il pensiero della religione, il quale ci innalza sopra le opere e i pensieri servili, ci dona la libertà per un poco, e ci rende tutti uguali davanti all'altare di Dio, anzi più liberi e lieti i più buoni e i più pazienti, che sono assai volte i più poveretti! Che sarebbe del povero, segnatamente in certi paesi, condannato sempre alla fatica dall'avido e duro padrone; che sarebbe del povero se non fosse la festa, ch'è come una tregua assegnata da Dio a questa milizia che è la vita degli uomini sulla terra? E però dice Iddio: «Il settimo dì rimarrai dal lavoro; acciocchè il bue e l'asino tuo si riposino; e respirino il figliuolo dell'ancella tua e il forestiero». Anco alle bestie un riposo è richiesto; anco a quelle dobbiamo aver compassione; e per esercitare questo nobile sentimento della compassione, e anche per utile nostro. Anche coloro che dal lavorare hanno lucro, e par che ci godano, affaticando tutti i giorni dell'anno, lavorerebbero più stracchi, più svogliati, e men bene; guadagnerebbero meno, alla fine de' conti. Quel ch'è continuo, uggisce e istupidisce. Siccome l'uomo, sebbene abbia necessità di mangiare, non mangia però sempre, anzi per più sanità destina a questo certe ore del dì; similmente e al lavoro e al riposo giova assegnare i suoi tempi: perchè, se fosse in arbitrio di ciascuno far festa quando a lui piace, ne seguirebbero due inconvenienti; che altri vorrebbe far festa troppo spesso, altri poi troppo rado; e che sarebbe tolta quella bellezza che viene nella società umana dall'ordine degli atti e dalla concordia degl'intendimenti. E quanto è bello che questa bellezza dell'ordine e della concordia sia fatta più splendida da un precetto di Dio; che sia santificato il riposo e purificata la gioia della memoria di fatti grandi e dal presentimento de' beni celestiali! Che, quando le braccia si posano, le labbra cantino e ragionino parole di vita, e il consorzio degli spiriti si renda sempre più potentemente operoso!

La prima istituzione della festa fu per rammentare agli uomini che Dio ne' primi sei giorni ha creato il cielo, la terra, e tutte le cose. Qui giorni vale età di tempo lungo, che noi non possiamo misurare; nelle quali età vennero per opera di Dio formandosi e i mondi delle stelle e dei pianeti, che sono tanto più grandi di questa terra che a noi pare sì grande; e venne formandosi questa terra stessa, e si consolidò e rasciugò e diventò tale che la specie umana potesse respirare e crescere in essa. Dunque Iddio, col volere che noi celebriamo questa mirabile solennità della creazione del mondo, innalza la nostra mente a tre grandi pensieri che sono tre serie d'innumerabili altri pensieri. Il primo pensiero si è: queste grandezze e bellezze che noi veggiamo nel mondo, son tutte effetto della parola di Dio, che ne ha fatte, e può farne, altre infinite, delle quali noi non possiamo comprendere pur la minima parte. E questo pensiero deve insieme eccitare l'amor nostro, umiliare l'orgoglio, e insegnarci che tutte le mondane magnificenze in cui gli uomini si compiacciono tanto, son cosa mirabile; peggio che se un pugno di fango volesse paragonarsi al fior della rosa. Il secondo grande pensiero che può rallegrarci la mente ne' dì di festa, gli è appunto l'andare pensando delle cose create da Dio, quelle che a noi paiono più grandi e più belle; e domandandone a chi ne sa più di noi, godendo di quelle che possonsi godere, senza altrui danno nè nostro come la serenità d'un bel cielo, l'amenità d'una bella campagna, i fiori, le acque vive, le rarità de' paesi lontani che ci vengono mostrate o narrate; anche le belle opere dell'arte dell'uomo, e le belle parole che ci hanno lasciati i nostri antichi scritti: perchè eziandio queste, essendo fattura di anime create da Dio, conducono al Creatore le anime nostre. Il terzo grande pensiero è: uscire con l'immaginazione e con l'affetto fuori de' confini di questo piccolo pianeta; e pensare gl'innumerabili mondi creati da Dio, che intorno a questo pianeta girano, ed esso intorno a loro; pensare alle innumerabili creature, che vivono in quelli forse più perfette di noi. Di ciò nulla sappiamo ben certo; ma Dio si degnò rivelarci che più alto della nostra natura è la natura degli Angeli; de' quali alcuni son nostri custodi; e tutti amano il medesimo Dio che ci fece. Pensiamo dunque a questi milioni di milioni di spiriti, che pensano a noi: pensiamo, se non altro, alle anime di tutti quegli uomini che nel viaggio di questa terra passarono innanzi a noi, e di tutti coloro che, creati da Dio, dopo noi passeranno. Nè queste cose pensare potremo senza diletto e maraviglia e umiltà salutare e riconoscenza amorosa e preghiera. Ma noi, Cristiani, oltre alla creazione del mondo, dobbiamo nella festa rammentare la redenzione eziandio, per la quale Gesù Cristo, soffrendo e morendo e risorgendo da morte, ci comunicò la sua Grazia che ci ha liberati.

Oltre al settimo giorno, una festa, tra altre, aveva Mosè istituita per comandamento di Dio: ch'era al tempo che le biade maturano, perchè, offrissero a Dio le primizie del raccolto; e un'altra alle fine dell'anno in azione di grazie. Ordinava Dio per Mosè, che, nel segare il grano, non lo tagliassero rasente terra; e che le spighe che rimanevano sul campo, e' non si volgessero per raccattarle ma lasciassero ai poveri e a' forestieri. «E similmente i grappoli della vigna che cascano e quelli che restano dalla vendemmia, e le ulive, lascerai, se li prendano il forestiero e la vedova ed il pupillo, acciocchè il Signore tuo ti benedica in ogni opera delle tue mani. Rammenti che anche tu fosti servo in terra straniera e poveretto». E a questo precetto in un luogo soggiunge: «Io sono il Signore Dio vostro». Come dire: Io sono il Dio vostro e de' poveretti. Io sono quegli che fece la terra e tutte le sue ricchezze: chè son mie, non da uomo veruno. Io sono il Dio vostro; e quello che lascerete a' fratelli necessitosi, a più doppi lo riavrete. Io sono il Dio vostro: e siccome io nel donare nascondo la mia maestà, e lascio venire agli uomini il dono come se lo trovassero per caso da sè, e così voi non fate sfoggio di quello che date; ingegnatevi di risparmiare al povero la vergogna del chiedere e del ricevere: fate che la vostra elemosina non paia elemosina ma tributo debito, consuetudine sacra.

Un'altra festa c'era, festa di penitenza; che invocavasi la misericordia di Dio: e a celebrarla era richiesto, più accettevole d'ogni sacrificio, il dolore. Perchè l'anima la qual riconosce innanzi a Dio i torti proprii, sarà nel cospetto degli uomini meno superba e meno abietta; ricupererà col pentimento la dignità propria, e meglio saprà conservarla.

Un'altra festa era la festa detta delle Tende, in memoria degli anni che Israello, uscito di servitù visse sotto le tende della disagiata ma libera solitudine E in memoria di quegli accampamenti, gli Ebrei in detta festa facevano frascati con rami di palme e di salci di lungo l'acqua corrente, verdeggianti di fronde vive, e sotto quelli abitavano per sette dì. Le memorie della schiavitù dileguata e delle acquistate franchigie, in più modi giovano e a ciascun uomo e a ciascuna famiglia, e a' popoli interi: perchè rinfrescano il sentimento della propria dignità, perchè destano a gratitudine verso Dio liberatore e verso gli uomini che operano secondo la sua volontà; perchè rammentando il pericolo, ammoniscono a evitarlo; rammentando l'umiliazione, c'insegnano umiltà rammentando il dolore, c'insegnano aver compassione degli addolorati e soccorrerli fraternamente.

E però un'altra festa era ordinata da Dio in primavera, a commemorare l'uscita della Egizia schiavitù. Erano già piene di queste memorie tutte le feste. In quella stessa del raccolto, comanda Iddio per Mosè: «Seggano teco alla mensa medesima, quasi a rito religioso il tuo figliuolo e la tua figliuola. e il servo e l'ancella, e il forestiero, e il pupillo e la vedova che con voi vivono, e forse debbono nel paese vostro morire. E ti ricorderai che in Egitto fosti servo anche tu». Fosti servo: dice; e ragiona a' discendenti lontanissimi di coloro che furono servi in Egitto, per immedesimare in virtù dell'affetto i presenti co' posteri, e i nepoti con gli avi, e fare di tutti i secoli una sola famiglia.

Un'altra festa importa notare, degna, in verità, della sapienza e misericordia di quel Signore che nel suo popolo la istituì. Dice il Signore: «Sei anni seminerai la tua terra, e ne avrai il tuo raccoto: l'anno settimo farai riposare la terra; e di quel che si nasce, mangino teco i poveri del popol tuo, e il forestiero ch'è pellegrinante tra voi. Così farai della vigna, così degli ulivi. Il settim'anno sarà come la festa della terra, l'anno del riposo nel nome di Dio, comune Signore vostro. Anche, conterai sette settimane d'anni; cioè sette volte sette, che fa quarantanov'anni; e all'anno cinquanta, per tutti i luoghi del paese si darà nelle trombe, acciochè si preparino a santificare il giubbileo, ch'è l'anno del rimettere tutti i debiti e del ragguagliare gli averi. Ciascuno ritornerà a possedere quel che un tempo era suo, alla propria famiglia ritornerà chi l'avesse perduta; perchè gli è l'anno cinquantesimo, il giubbileo. Quell'anno, dico che tutti riavranno le proprie possessioni. E però, quando voi vendete al vostro fratello, o comprate da lui, non gli date danno e dolore nel prezzo, ma computate esso prezzo secondo che l'anno cinquanta è più o men vicino; perchè allora il fondo ritorna al padrone di prima. E però, se manca di molto all'anno del giubbileo, la cosa avrà prezzo maggiore; se poco, varrà meno. Non vogliate affliggere il prossimo vostro: ma tema ciascuno il Signore Dio suo; perch'io sono il Signore di tutti. Adempite i miei precetti; e abiterete la terra senza paura di prepotenza straniera. E se direte: Che mangeremo noi il settim'anno, l'anno che la terra riposa, se non seminiamo e non abbiamo raccolto? - Io vi darò benedizione di frutto nell'anno sesto, sì ch'abbia a bastare per più di due anni. E seminerete l'anno ottavo, e fino al nono mangerete delle derrate del sesto, insin che venga il raccolto novello. La terra non si potrà vendere mai, perch'è mia la terra, dice il Signore; e voi siete come passeggeri, e miei come coloni. Onde ciascuna parte della vostra passione non si venderà che a condizione di dover essere riscattata. Se il tuo fratello nel bisogno vende il suo poderetto; potrà, se trova denaro, ricuperarlo anche prima del giubbileo. Ma se il venditore non avesse da rendere il prezzo, il compratore si tenga il podere sino all'anno cinquanta; perchè quell'anno ogni podere venduto ritorna al padrone di prima. Solamente le case che sono in città murata, possonsi ricomperare nel termine d'un anno; ma, se non si ricompri entro l'anno, il compratore e i suoi discendenti la tengano in perpetuo, e neppur l'anno del giubbileo la si restituisca al possessore di prima. Che se la casa è in terra non murata, vendasi come podere; e nel giubbileo ritorni al primo padrone».

Provvedimenti di giustizia liberale. Ogni settim'anno il raccolto è de' poveri, acciocchè l'uomo che possiede qualcosa non si attacchi con troppa tenacità al suo avere; acciocchè si usi a risparmiare il raccolto d'un'annata sì che faccia per due; e perchè sappia che il diritto a campare è comune agli uomini tutti, e che la terra è di Dio, padre a tutti. Per queste medesime ragioni e per altre parecchie, nella legge mosaica, era illecito vendere in perpetuo altri fondi che la casa dentro nella città: e questa sola chi non riscattasse entro un anno, perdeva per sempre, acciocchè nella città, dove i modi di vivere son più facili, e maggiori i pericoli della scioperatezza, fosse stimolata l'industria, e fosse punita la negligenza di coloro che corressero a vendere con la sicurezza di riavere da ultimo. Ma quanto alle case fuori di città ed a tutti quanti i poderi quell'anno del giubbileo rimetteva l'uguaglianza turbata; e così da un lato si riparava ai mali dell'opulenza corruttrice e oziosa per avere troppo, dall'altro ai mali della povertà tentatrice e oziosa per aver nulla. I primi Cristiani perfezionarono questi ordinamenti mettendo tutto in comune quello che avevano, e immobili e mobili, facendosi tutti poveri nello spirito, e ricchi in carità. E quando gli uomini conosceranno meglio le dolcezze della vera uguaglianza, non già di quella che consisterebbe nel poter tutti del pari comandare e godere (ch'è stoltezza impossibile), ma di quella che insegna a comunicare co' fratelli i diritti e le consolazioni, a sottostare tutti a Dio per non soggiacere ai capricci degli uomini; quando, dico si conoscerà la vera uguaglianza, allora l'esempio datoci dalla legge mosaica e dalla prima Chiesa de' Cristiani sarà gloriosamente imitato.

MISERICORDIA AGLI AFFLITTI

Dice Iddio: «La mercede del povero che ha lavorato per te, e del forestiero che teco dimora, non rimanga dalla sera alla mattina in tua mano, che tu non lo dia il dì medesimo; perch'egli è pover'uomo, e di quello sostiene la vita: che poi e' non chiami al Signore, e la tua tardanza non faccia te reo di colpa. Se darai danaro a prestito ai poveri del popolo mio, tuoi fratelli; non gli farai forza per riscuoterlo, non li opprimerai con usure: che Dio ti benedica in ogni opera che tu farai sulla terra. Il tuo fratello, avvilito dalla misericordia, e debole al lavoro, se tu l'accogli a vivere teco; non usureggiare sull'opera sua, nè pigliarti più grano di quel che gli desti, o qualsiasi altra cosa. Temi il tuo Dio, e fa che possa il tuo fratello meschino campare teco. Se avrai preso in pegno dal tuo fratello povero o dalla vedova il suo vestito; fa che il suo pegno non pernotti da te; gliene renderai innanzi che il sole tramonti; acciocch'egli, dormendo sul suo letto, ti benedica, e che tu acquisti merito innanzi al Signore comune padre. Cosa che sia necessaria alla vita, non ricevere in pegno dai fratelli tuoi poveri. E nel richiedere quello ch'egli ti deve, non gli entrerai in casa per prendere il pegno: ma tu sta di fuori; e egli quel ch'ha, profferisca.

«Nel giudicare non guarderai chi sia povero, ne chi sia potente, per rendere a questo più rispetto che a quello: secondo giustizia giudicherai, massime il forestiero e il pupillo. Ramméntati che tu pure fosti disgraziato in Egitto, e che il Signore Dio tuo te n'ha liberato. Non date noia o dolore o rimprovero all'uomo forestiero: amatelo come voi stessi, perchè Dio l'ama, e provvede di vitto e di vestito anche lui. Non offendete la vedova nè il pupillo: se ad essi nuocete, grideranno a me, e io sentirò il grido loro; e le vostre mogli rimarranno vedove, e i figli vostri pupilli. Il servo straniero che a voi si ricoverasse, non lo darete in mano al padrone, nè tormenterete; ma abiti con voi in quale delle città vostre gli torni.

«Trattate con bontà anco le bestie che a voi servono: al bue che lavora sull'aia, non gli legate la bocca perchè non mangi del grano che le sue fatiche preparano a voi. Non vedrai errare smarrito il bue nè la pecora del tuo fratello, che tu non li riconduca al fratello tuo: anco che non ti sia congiunto di sangue, anco se sconosciuto, menerai l'animale in casa tua, e lì starà finchè venga il tuo fratello a cercarne, e tu gliene renda. Così farai del vestito, e d'ogni cosa del tuo fratello che fosse smarrita: se la trovi, non la lasciare lì come cosa altrui, ma come di tua, prendine cura. Se tu vedi il giumento o il bue del tuo fratello cascati per via, non passar oltre, ma aiutalo a levarli su. Se t'abbatti al bue del tuo nemico e all'asino erranti, rimenali ad esso. Se vedi l'asino di chi ti odia, caduto sotto la soma, non tirar via, ma dà una mano all'uomo che t'odia, e sollèvagliene».

DIGNITÀ DE' PENSIERI

In questo soprastanno a tutte le religioni alterate dagli uomini la rivelazione mosaica, e ancora più la rivelazione cristiana; soprastanno in questo, che raccomandano e aiutano la perfezione dell'uomo in quelle cose alle quali le religioni alterate dagli uomini non credono sia possibile pervenire. Onde Mosè nel nome di Dio comanda che chieggasi perdono e facciasi ammenda anco di quelle colpe che l'uomo per ignoranza commise, e del non aver adempita qualsiasi parte de' divini precetti anco per semplice negligenza.

«Il sacerdote ch'è eletto a purificare il popolo, se con le proprie colpe o pur con le trascuratezze, l'induce a peccato o a pericolo di peccato, offra, per il male fatto, un vitello senza macchia e tinga il dito in quel sangue, e sette volte lo spruzzi verso il velo del santuario, e ne metta da' lati dell'altare ove egli offre l'incenso». Il qual sangue era imagine del sangue purissimo di Gesù, sacerdote eterno, che si doveva offrire per le debolezze e le ignoranze dell'umanità tutta quanta. Così, se il popolo per ignoranza infrangesse un precetto, offriva simile sacrifizio, un vitello; ma il governante del popolo offriva un capro per le ignoranze sue in quanto cagione di colpa.

«L'uomo che avrà profferita promessa di fare una cosa, e dimenticatosene, e che poi se ne ricordi, costui si penta, e offra a Dio agnello o capra, o se altro non può, due tortore e due colombe, o un po' di farina. E il sacerdote ori al Signore per esso». Nè solo per avere perdono facevasi offerte, ma e per rendere grazia, ch'era preghiera più gentile, perchè non la moveva il bisogno.

La legge mosaica curava la perfezione del cuore: perchè nel cuore è la radice ond'esce nella luce del dì questa pianta del vivere umano; nascosta radice, ma che pur regge il valido tronco, e comunica co' lontani rami, e fa nascere la bellezza de' fiori, e conduce a maturanza le frutta. Per riconoscere come quella legge curasse la perfezione del cuore, leggiamo là dov'è scritto: «Non avere astio al fratello nel tuo cuore; ma, se hai da dirgli di giusto rimprovero, riprendinelo schiettamente». Perchè, non far male alla persona odiata, non basta; bisogna, oltre a questo, non solamente non voler male; anzi pregare e curare che male non le accada, e se le accadesse, sentirne sincero dolore. Piuttosto che covar rancore, meglio è dire franco la sua ragione in presenza di gente onesta e quieta. A questo modo più beni s'avranno: avremo il bene che quel tarlo nascosto uscirà da noi, e ci lascerà più tranquilli: avremo il bene, che dovendo esprimere in parole il sentire nostro, e non le trovando accomodate a dirlo convenientemente, o non le trovando efficaci a comunicare altrui quel dispiacere o sdegno che ci agita, allora cominceremo ad accorgere che il nostro dispiacere o sdegno ha qualcosa d'ingiusto: avremo il bene, che, dovendo dire in altrui presenza le nostre ragioni, impareremo a moderare il linguaggio: avremo il bene che acquisteremo coraggio a significare aperto l'animo nostro, anzichè mascherarci come sogliono i vili: avremo il bene che gioveremo a colui del quale abbiamo a dolerci, mostrandogli i torti suoi senza risentimento, e senza ch'egli ne tragga pretesto a offenderci peggio, e così nuocere a se medesimo più che a noi.

Altro precetto di generosità e di coraggio «non dir male del sordo»; e vuol dire: di chiunque non possa sentire quel che voi dite, non possa intenderla per il suo verso, e però nè rispondere nè giovarsene. Biasimare dietro alle spalle o alla macchia, è cosa, se non dannosa, inutile al biasimato, e è cosa vile.

A tutti insieme i precetti della sua legge vuole Iddio che abbiasi l'occhio: e che dichiariamo l'uno con l'altro, e li temperiamo e li rinforziamo. E dice: «Se nell'opere adempirai e se custodirai in cuore, tutti i comandamenti miei; benedetto sarai in città, benedetto ne' campi; benedetto il frutto delle tue viscere, benedetti i frutti e della terra e della greggia tua: benedetto quello che alle necessità pel tuo vivere sopravanza. Benedetto sarai nell'entrare e nell'uscire: i nemici che t'insorgano contro, per una via verranno contro di te, per sette vie fuggiranno dalla tua faccia. Aprirà Dio, tesoro suo ricchissimo, il cielo, per distribuire in tempo le acque alla terra che sarà fecondata dal tuo lavoro; e manderà su tutte le opere delle tue mani benedizione; e come l'aria che tu respiri benedizioni circonderanno la vita tua».

Poi seguono maledizioni a chi manca: e di queste la legge cristiana è più parca, ch'è legge di misericordia e di carità.

VALORE GUERRIERO

«Se esci a guerra, o Israello, contro i nemici, e vedi moltitudine di cavalieri e
di carri, e forza di esercito maggiore in numero che la tua, non temere:
perchè il Dio tuo, tuo Signore, è con teco, che dalla servitù dell'Egitto ti ha
liberato. Nel muovere alla battaglia, starà il sacerdote in cospetto del popolo
armato, e dirà: Ascolta, Israello. Oggi voi andate a battaglia contro i vostri
nemici. Il vostro cuore non tema; non vi sgomentate, non cedete d'un
passo. Perchè il Signore Dio vostro è in mezzo a voi, e per voi combatterà,
e vi trarrà di pericolo. E i capitani di ciascuna schiera ad alta voce (che tutti
dell'esercito sentano) grideranno: Chi è tra voi di cuore mal fermo, e
ch'abbia paura? Costui vada, e se ne torni a casa sua; non attacchi a' fratelli
la mala paura che fiacca lui».

Non nel numero delle braccia sta la forza, ma sì negli animi deliberati e
concordi. Collo sfidare i paurosi ch'escano e liberino i fratelli dalla
maledizione della codardia; s'infondeva anche ne' dubitanti coraggio. Ed è
bello che il sacerdote nelle prime file si mostri, e conforti a generosa
speranza non nelle umane posse ma in Dio; perchè dal cielo, come pioggia
fecondatrice sui campi, viene il valore ne' cuori. Ma come potrà egli ne' suoi
venerabili vestimenti comparire dinnanzi all'esercito il sacerdote, come
potrà far risplendere, quasi lume d'unico sole, il nome di Dio su tante armi,
se la guerra non è sacra, se la battaglia non è pura d'odio, di cupidigia,
d'orgoglio; se non si combatte per la patria e per l'umanità, se capitani e
soldati e preti non siano nella giustizia un'anima sola?

DIGNITÀ VERA DE' GOVERNANTI

«Quando direte, o popolo d'Israello: Vo' mettermi sul capo un re, al modo che l'hanno le genti serve degl'idoli, le quali mi stanno intorno; allora prenderete in re quello che il Signore Dio vostro avrà trascelto dal numero de' vostri fratelli. Non potrai fare tuo re uom d'altra gente. «E quand'egli sarà stabilito sopra di voi, non si pensi di mantenere gran numero di cavalli e d'armigeri; nè, inorgoglito della cavalleria ch'egli ha intorno, si pensi di ricondurre il popolo in terra d'Egitto o in altra regione straniera; massimamente che il Signore vi comandò di non più ritornarvene a quella volta. Non accumuli cotesto re gran ricchezza d'oro e d'argento. E appena seduto nel nuovo seggio, si copierà in un volume la legge data da Dio; e egli la terrà seco, e ne leggerà tutti i giorni di vita sua, per imparar a temere il Signore suo Dio. Nè si levi il suo cuore in superbia sopra i fratelli; nè pieghi a dritta o manca per le divisioni de' parteggianti, ma sempre cammini coraggioso nel bene, se vuol regnare lungamente egli e i figli suoi nel popolo d'Israello».

Non comanda il Signore agli Ebrei che si piglino un re; che già ne fecero senza per tanto spazio di tempo. Ma, caso che vogliano imitare in questo i popoli da' quali li aveva con sì mirabili grazie distinti Iddio, dice gli obblighi di cotesto re, il quale insomma non è che il servitore del popolo; e appunto sinch'egli serve al bene del popolo, la sua potestà vien da Dio, e bisogna ubbidirgli[1] con affetto di figli, non già con avidità e paura di servi. Vieta Iddio che cotesto re agogni a farsi ricco; o tenga intorno a sè troppa cavalleria (con che s'intende anco la fanteria); ma vuole che viva modestamente, come fratello in mezzo a' fratelli e sia non come montagna erta e orrida a vedere, e da cui si versino torbi torrenti e rovinosi, ma che abbia piante belle, e acque tranquille e dolce sonanti, e sia di facile salita, e che ripari la sottoposta campagna dall'ira dei venti.

NOTE

[1] La potestà è data da Dio per il bene degli uomini, il quale non può essere senza l'ordine. Anco chi abusa talvolta della potestà, dev'essere, per rispetto all'ordine, rispettato, tranne in quelle cose che offendono la legge di Dio.

MEMORIE DI GRATITUDINE E DI CONCORDIA

Quand'erano il popolo d'Israello nel deserto di Sin (dove morì e fu sepolta nella solitudine la sorella di Mosè e d'Aronne, Maria), l'acqua venne a mancare; e tutti cominciarono a insorgere contro Aronne e Mosè con rimproveri, dimenticando la servitù ond'erano usciti per opera ammiranda di Dio, il qual poteva fare a pro loro anche più grandi cose. Aronne e Mosè pregarono il Signore che aprisse, vero tesoro, una fonte d'acqua viva, e li dissetasse. Allora il Signore comanda a Mosè che prenda la mazza sua pastorale, e aduni il popolo, e tocchi il masso, e il masso darebbe acque vive. Mosè, quand'ebbe adunato la moltitudine dinnanzi al masso, esclamò in forma di rimprovero insieme e di dubbio: «Poss'io forse, farvi da questa pietra zampillare acque vive?». Alzò la mano, e percosse due volte con la mazza il macigno, e ne sgorgarono acque in tanta abbondanza da dissetarvisi e gli uomini e gli animali. Allora disse il Signore ad Aronne e a Mosè: «Per questo che non avete creduto alla promessa mia, e sospettaste impossibile rendermi quest'onore dinnanzi al popolo d'Israello, non sarete voi che l'introdurrete nella terra di Canaan; ma, innanzi di toccarla, morrete». E fu così. Nel lungo pellegrinaggio morì primo Aronne; e Mosè, salito su un monte, contemplò quella terra dove il suo popolo doveva aver pace; e su quel monte morì. Con questo il Signore volle insegnarci ch'anco i reggitori de' popoli possono errare, e essere castigati; e che una delle cose che più offendono la misericordia di Dio, è il dubitare di lei, e mettere in altri il dubbio che contrista e avvilisce.

Giosuè succedette, come guidatore del popolo, per guidarlo, dopo quarant'anni di via, finalmente alla stanza di Canaan. Ordinò dunque a' principali del popolo che andassero per mezzo agli accampamenti, e ciascuno alle sue schiere dicesse di prepararsi; che fra tre dì dovevano essere tutti al fiume Giordano, e lo passerebbero. Mossero di notte, e vennero al fiume; e quivi stettero per tre giorni. Allora i banditori andarono per l'ampie tende, gridando: «Quando vedrete l'arca del patto del Signore Dio vostro, e i sacerdoti portarla, movete tutti e tenetele dietro. Fra voi e l'arca ci corra lo spazio di dumila cubiti, perchè la possiate vedere di lontano, e conoscere la via da tenersi». E Giosuè disse al popolo: «Purificate le anime vostre; chè, domani il Signore farà nei vostri occhi una mirabile cosa». E a' sacerdoti disse: «Togliete l'arca del patto, e muovete alla testa del popolo». L'arca del patto conteneva le tavole della legge data da Dio; e il libro d'essa legge e la mazza d'Aronne, la quale per volere divino, di secco legno ch'ell'era, verdeggiò a un tratto di foglioline, e si coperse di fiori: e conteneva una misura della manna che, per quarant'anni, piovendo dall'alto, alimentò nel deserto quella gran moltitudine. Era l'arca di legno di pregio, dorata dentro e fuori, e orlata di puro oro, con anelli e stanghe da portarla dorate. Giosuè disse dunque ai figliuoli d'Israello: «L'arca del Signore, nel passare il fiume andrà innanzi a voi. E come i sacerdoti che portano l'arca del Signore avranno posto il piede sull'ultimo margine della sponda dove battono l'acque del fiume, vedrete le acque che sono da valle scorrere e andar via per la china; e le acque che sono da monte fermarsi, e far come un muro». Suonarono dunque i figli d'Aronne le trombe d'argento, che era il segno del muoversi; suonarono lunghi squilli, interrotti da breve posa; e al primo segno si mossero le schiere ch'erano a oriente, al secondo quelle che a mezzodì, e così via. E quando i sacerdoti portanti l'arca del patto ebbero tocche col piede le prime acque (gli era dopo lo struggersi delle nevi, e il letto del Giordano era pieno), le acque di sopra, che discendevano rapide, stettero a un tratto, come cavallo che, tirato dal freno, sbuffa e s'impenna: quelle che via cadevano frettolose dal monte, venute a quel punto, s'accalcavano sulle altre ritte, e rimanevano lì, come fa una rovina che precipita e i massi s'ammontano sopra i massi: e le acque parevano una montagna a vedere dalla città d'Adom insino al luogo che chiamavasi Sartan. Le acque, poi, ch'erano dalla parte all'ingiù, scorrevano col solito impeto verso il mare Morto; e, non essendo incalzate da altr'acque, lasciavano il letto del fiume scoperto, sì che ci era da vedere, tra i massi e i ciottoli, piante e pesci, e avanzi di cadaveri umani, e rugginose armi tinte di nero sangue. I sacerdoti con l'arca stavano nel mezzo del fiume come in secca terra; ed intanto il popolo tutto passava con presto passo, ma ordinatamente, in silenzio guardando alla gran mole de' flutti sovrastanti, con maraviglia piena di fede, e però libera di spavento. Quando furono tutti passati, fece Giosuè, per consiglio di Dio, che dodici uomini scelti, un per tribù, tolgano dal bel mezzo del letto del fiume ove stettero i piedi de' sacerdoti, tolgano in spalla dodici grosse pietre; che sia segno della fratellanza vostra, o figli del popolo d'Israello. E quando i vostri figliuoli vi domanderanno e diranno: che vuol dire questa memoria di queste pietre? Risponderete raccontando ch'egli è monumento perenne delle grandi cose che Dio per voi fece».

I figliuoli d'Israello, portarono siccome aveva ordinato Giosuè, un per ciascuna tribù, le dodici pietre al luogo dov'era il campo: e altre dodici pietre, tolte dalla riva, Giosuè fece mettere nel letto del fiume di dove erano le altre dodici state tolte. I sacerdoti che portavano l'arca, stavano intanto nel mezzo del Giordano, in fin che fu compito ogni cosa. Passò poi anche l'arca. Sì tosto come i sacerdoti posero il piede sulla riva verdeggiante, e ecco il monte dell'acqua si versa con gran suono sul fondo; come quando i cavalli, aperte le sbarre, si slanciano impetuosi nel corso.

Quelle pietre rizzate a memoria, rimasero per molte e molte generazioni; e parlavano del tempo antico; e raccomandavano la gratitudine verso Dio, e la concordia, che può fare d'ogni grande società una famiglia. Possano tutti i monumenti per le nostre città e per le campagne, e per tutto il mondo, essere eretti con simile intendimento, e parlar linguaggio di religione coraggiosa e di magnanimo amore!

Giunti che furono i figli d'Israello al monte d'Ebal, si ricordarono di quel che a Mosè aveva il Signore ordinato onde Giosuè rizzò a Dio su quel monte un altare di rozze pietre, non tocche dal ferro; e offerse vittime di espiazione e di pace; e sulle pietre scrisse i comandamenti della divina legge. Gli anziani del popolo e i giudici e i capitani, e poi tutta la moltitudine, co' forestieri ammiranti, stavano a quella cerimonia schierati dall'una e dall'altra parte dell'arca in lungo ordine e fitto, come due muraglie vive e ondeggianti; e intorno all'arca erano i sacerdoti. E Giosuè benedisse al popolo d'Israello: poi lesse del libro della legge dettato da Mosè; e l'ascoltavano co' guerrieri i giovanetti e le donne.

PERCHÈ LE NAZIONI INGRANDISCANO, PERCHÈ DECADANO

S'è detto come i popoli che abitavano la terra di Canaan innanzi il sopravvenire degli Ebrei, furono in gran parte sterminati; e come il Signore permise questo, sì per l'abuso che quelli facevano de' doni della terra a dimenticanza e offesa di Dio; sì per altri suoi fini, parte visibili a noi, ma parte che agli uomini, creature piccole e ignoranti, non è dato conoscere pienamente. La storia del mondo è come questo pianeta che noi abitiamo: che, quand'anche l'uomo potesse sollevarsi nell'alto dell'aria leggerissimo, e contemplarlo di là, non lo potrebbe tutto abbracciare con uno sguardo ma vedere una parte sola; e in quella pure non saprebbe discernere tutte le cagioni e gli effetti di tutte le minime cose, nè dire perchè quel fiore abbia colore vermiglio, e quell'altro sia candido; perchè quella pianta secchi al prim'anno di vita, quell'altra ne campi trecento; perchè quel sassolino sia rotolato dal torrente via giù nella valle. Or se l'uomo, povera creatura, non può vedere ogni cosa di questo mondo sensibile; pensa, del mondo degli spiriti, in ciascun dei quali la Grazia di Dio compie molte più meraviglie che non siano in questa terra illuminata dal sole, ravvivata dai venti, fecondata dalle acque di tanti fiumi, abbondante di tanti colori e forme e movimenti e operazioni, che l'una coll'altra senza disordine si confondono come i raggi del cielo nel ruscelletto e nell'oceano profondo. Ma nella storia rincontransi tuttavia molti fatti chiari ed aperti, da' quali possiamo dedurre ammaestramento e dobbiamo.

Per esempio, si vede che la cagione dell'ingrandire durevole delle nazioni è la fede in una potestà sovrumana, e la concordia, e il vigore dei corpi e degli animi; la cagione del decadere presto o tardi, è il dispregio delle cose spirituali, la discordia e il disamore tra cittadini, la fiacchezza delle volontà e delle braccia. Questo ci volle Iddio più particolarmente far chiaro nella storia del popolo d'Israello. Sinattanto che visse Giosuè, si mantennero fedeli al patto stretto con Dio; perchè tutti sapevano le grandi cose fatte da Dio per il popolo d'Israello. Morì, via via, tutta la generazione che varcò insieme con Càleb il fiume Giordano; e sorsero uomini che non avevano viste le grandi cose fatte da Dio verso il popolo d'Israello. E fecero i figli d'Israello il male; servirono agl'idoli adorati dalle genti circonvicine; e abbandonarono il Dio de' padri loro che li aveva per sua misericordia liberati. Iddio, per punirli e correggerli, permise che fossero gli Ebrei molestati da invasori stranieri. E non sapevano resistere e erano scorati. Iddio, per iscuoterli, destava uomini forti e buoni, i quali presero a voler liberarli da quelle fiere forestiere che li mangiavano; ma gl'Israeliti, perdendo, con la fiducia nel vero Dio, il vero amor de' fratelli, non volevano ascoltare il comando di quegli uomini buoni e valenti. Oppressi dai mali, alla fine si accorgevano d'avere errato, e chiedevano a Lui perdono, sperando in esso. E allora Dio mandava un giudice che li deliberasse da quella vituperosa rapina. Giudici eran chiamati, perchè di quei tempi semplici il medesimo uomo decideva le liti, e difendeva il popolo da' pericoli capitanando la guerra: e un uomo solo poteva esercitare la pubblica autorità, perchè (come si è visto a Mosè) tutti i migliori ch'erano nel popolo gli prestavano aiuto e consiglio; ed egli sapeva che il rivolgersi alla nazione per aiuto e consiglio era suo dovere e sua preziosa necessità. Giudici eran chiamati, perchè nell'amministrar bene la giustizia, nel rendere a ciascuno il suo, consiste l'arte e il merito del buon governo; e perchè anco la guerra dev'essere esercitata come atto di spassionata giustizia e santa: se no, diventa operazione di carnefice o di beccaio, anzi impeto di bestia feroce. E peggio che bestia: perchè l'animale non ha la ragione al cui lume poter giudicare di quel che sia giusto; nè l'animale per solito conto quelli della sua specie l'avventa. Questi giudici dunque liberavano il popolo d'Israello; e, rimettendo la pace e la giustizia dentro, spandevano fuori l'onore del nome. Ma, come l'un di questi uomini valorosi moriva, gl'Israeliti ritornavano al male, e facevano talvolta peggio che i padri loro, e servivano agli Dei de' popoli forestieri.

Per questo, divennero preda di Cusan re della Mesopotamia, il quale, per ott'anni, li dominò. Dopo ott'anni di avvilimento, si rivolsero a Dio; e abbiam visto che Dio ispirò del suo spirito Otoniele figliuolo di Cenez, che li liberasse. La nazione ebbe per quarant'anni riposo. Senonchè dopo la morte di Otoniele, Israello prevaricò. Ed eccoli ancora schiavi sotto Eglon, un re Moabita; eccoli schiavi, perchè avevano animo e costumi da schiavi. Così rimasero per anni diciotto. E allora pregarono il Signore che li liberasse dal re Moabita. E il Signore diede loro per salute Aod, figliuolo di Gera; il quale Aod era un uomo forte e ambidestro. Lo mandarono i figli d'Israello a portare in lor nome al re di Moab non so che presenti o tributi. Aod si fece fare una spada a due tagli, col pomo nel mezzo, quanto la palma della mano; e si nascose la spada sotto, dal diritto fianco. Andò con altri de' suoi, e offerse i doni a quell'Eglon, ch'era un re grasso molto. E, offerti ch'egli ebbe i doni, si mise, con gli altri inviati, nel seguito del re, che andava a Galdala ad adorare le figure degli idoli di sua gente. Ritornati, Aod venne, e disse al re che aveva a parlargli in segreto una cosa. Entrarono soli in una stanza; e Aod con la mancina si tolse dal fianco destro la spada e gliela cacciò nella grassezza del ventre con tanta forza che lo passò da banda a banda, e il pomo entrò dentro nelle budella, e il seggio reale s'empì tutto di sterco. Nè trasse dalla ferita la spada, ma gliela lasciò in corpo così; e, chiuso di dentro l'uscio della sala, se n'andò per la porta di dietro. I servitori del re, dopo alquanto aspettare, parendogli l'udienza molto lunga, vennero; ma, trovando chiuso, si guardarono in faccia, e dissero: «Forse che Sua Maestà andrà del corpo». Aspettano ancora un buon pezzo; ma, vedendo che nessuno veniva ad aprire, apersero di forza, e trovarono il signor loro disteso per terra morto. Aod intanto in quella confusione ebbe campo a fuggirsene; e passò di là dal luogo degl'idoli, ond'eran venuti. E venne in Seirat: e subito s'udirono i suoni della tromba di guerra: e i figliuoli d'Israello discesero armati, egli primo. E corsero al passo del Giordano, là dove il paese degl'Israeliti va in quel di Moab, per chiudere il passo ai Moabiti tutti, ch'erano dispersi in mezzo agli Ebrei, come soldati o guardie o magistrati o aguzzini o riscuotitori di taglie. Allo squillar delle trombe sentirono i Moabiti il pericolo, perchè la coscienza con più alto suono d'ogni tromba gridava loro nell'anima i torti che per diciott'anni egli avevano fatto al popolo d'Israello. Fuggivano dunque: e come, nello sciogliersi delle nevi, i ruscelli concorrono a ingrossare il già gonfio fiume, così questi sciagurati da tutte le bande concorrevano verso il passo del Giordano; e volavano con gli occhi dall'altra parte sicura; e quanto avrebbero desiderato non aver mai varcate quelle acque per farsi carnefici o satelliti! Ma il pentire era tardo Altri raggiunti nel corso, ancora molto lontano dal fiume; ad altri non valse il cavallo nè il carro, chè le saette de' poveri, dinanzi insultati, li coglievano con volo certo; altri sull'orlo dell'acque attesi dalla spada nemica, le facevano rosse di sangue; altri nuotando col peso dell'armattura, affogavano in mezzo a' vortici; ad altri le braccia e i piedi de' compagni, nuotanti intorno e fitti, erano inciampo e morte. Molti caddero combattendo. Circa diecimila Moabiti perirono, tutti robusta gente. E Moab fu scornato: e Israello per bene ottant'anni rimase libero.

Certamente che, se quell'Eglon, re grasso e cattivo, non era nemico del popolo d'Israello; se non lo teneva sotto per marcia forza; non l'avrebbe Aod potuto punire di morte senza macchia di viltà e di tradimento. Oltre a questo, doveva l'uccisore essere sicuro che il suo atto non sarebbe tornato in male all'infelice sua patria. Oltre a questo, e' doveva credere fermamente che miglior modo non c'era a salvarla dalle ingiurie nemiche. Oltre a questo, bisognava consumare il terribile sacrificio senz'odio nel cuore, senza pensiero di sè, per pietà de' fraterni dolori, acciocchè agli oppressori e agli oppressi risparmiassesi colpe peggiori di quel che sia l'omicidio anche ingiusto. Bisogna aver ragione; bisogna sapere che questo spediente non porterà più gravi malanni: e allora il dar morte a un nemico per pietà della patria può essere lecita cosa[1]. Ma queste condizioni sono, a trovarsi insieme tutte, assai rare. E mostrò bene quest'Aod agli amici e ai nemici ch'egli non era un vil traditore perchè, dopo ucciso Eglon, andò e combattette nella luce del sole con gran coraggio. Al quale coraggio Iddio benedisse facendone fruttare 80 anni di pace libera con onore.

NOTE

[1] S'intende sempre che l'uccisore operi per pubblica autorità riconosciuta e per giuste ragioni; o, come Aod, sia mosso da Dio.

IDDIO CONFORTA QUE' CHE AMANO LA PATRIA

Commisero di nuovo i figli d'Israello altri falli; e di nuovo caddero in servitù: poi si ripentirono; e poi da capo furono liberati. Ma, liberati, si diedero ancora alla servitù delle terrene cose; e, in pena, divennero preda de' Madianiti e d'altri popoli d'Oriente. I quali tennero la montagna, e s'annidarono in grotte, di dove scendevano a molestare gl'Israeliti tementi. Poi quelle rocche, munite dalla natura, fecero con l'arte, affortificando più accomodate alla guerra. E quando Israello aveva fatta la sua sementa, e che il grano cominciava a verzicare allegro per la campagna; venivano que' Madianiti e quegli Amaleciti, e quegli altri, e piantavano nella campagna le tende, e la guastavano fieramente, senza lasciare nessuna delle cose occorrenti al vivere, nè pecore nè buoi nè altre bestie. Venivano a soggiornare sotto le tende gran moltitudine d'uomini e di cammelli con le gregge loro, e, come i bruchi e le cavallette, pareva bruciassero dove toccavano. Israello era atterrato sotto i piedi di Madian. E chiamò a Dio. E Dio mandò loro un uomo buono, che ricordò loro qualmente il Signore li aveva liberati dalla servitù dell'Egitto, comandando che non servissero agli Dei forestieri. A questi rimproveri giusti il popolo s'umiliava; e coll'umile pentimento entrava negli animi la speranza e il prudente coraggio.

Era in Efron un giovane, figliuolo di Gioas, robusto e coraggioso e buono nell'anima, che lo chiamavano Gedeone. Egli stava spulando il grano celatamente, che i Madianiti non gliene rubassero: ed ecco un Angelo del Signore gli apparì tra i rami d'una gran querce, commossi dal vento soavemente. Apparì l'Angelo a Gedeone, e gli disse: «Il Signore, o uomo prode sia teco». E Gedeone a lui: «Signor mio, vi prego: se Dio è con noi, ditemi perchè ci accadono queste così dure cose. Dove sono le meraviglie che raccontavansi dai padri nostri; che dicevano come Dio dall'Egitto ci liberò? Ecco, il Signore ci ha assoggettati a costoro di Madian». Allora l'angelo, guardando con occhio di bontà possente, gli dice: «Va nella tua prodezza, o Gedeone, e farai libero Israello dalle mani di Madian. Sappi che Dio è che ti manda». Gedeone rispose: «Prego, Signore, chi mai avete voi scelto per deliberare Israello? Vedete, la mia famiglia è l'ultima nella tribù di Manasse; e io, nella casa di mio padre, sono ultimo». L'angelo del Signore gli dice: «Io sarò teco e fiaccherai il popolo di Madian, come se fossero il braccio d'un solo uomo». E Gedeone: «Giacchè, disse, ho trovato grazia negli occhi vostri; datemi un segno che il Signore è che degna parlare a me. Non vi partite, prego, insin ch'io ritorni, e porti un sacrifizio qualcosa, e l'offra». Rispose: «Aspetterò». Entrò Gedeone, cosse un capretto, e fece stiacciate di pane non lievitato; e il pane e la carne messe in un paniere, e pose appiè della querce. «Prendi la carne e il pane, e posalo su quella pietra, e versaci il brodo su», disse l'Angelo. E fece così Gedeone. Allora l'Angelo del Signore toccò con la punta della mazza che teneva in mano que' pani e quella carne; e subito dalla pietra uscì fuoco, e consumò i pani e le carni. E l'Angelo del Signore sparì dagli occhi di lui. Conobbe Gedeone ch'egli era un Angelo del Signore, e disse: «Ahimè, Signore Dio mio! I' vidi l'angelo del Signore a faccia a faccia». E una voce dall'alto disse: «Pace sia teco. Non temere, chè tu non morrai». Rizzò Gedeone un altare quivi, e lo chiamò Pace del Signore; il qual vocabolo rimase al luogo per molt'anni poi.

Qui vediamo come l'Angelo del Signore non solamente non sdegna rivelarsi agli occhi d'uomo che ama d'amore coraggioso la patria, ma lo infiamma all'opera del liberarla dagl'ingiusti nemici, e gli promette l'aiuto del Cielo, e conferma con meraviglie la promessa sua santa. E nel gradire gli schietti doni dell'ospitalità, che dalle tradizioni religiose e civili dei popoli è fatta cosa sacra e rito solenne, e vincolo di memorie che si distendono da clima a clima e da secolo a secolo, congiungendo le distanze, de' luoghi e de' tempi in un affetto e riducendo l'intera umanità a una famiglia; l'Angelo benedetto, non senza mistero, vuole che sia sopra i cibi versato il liquore, per quindi col tocco del suo bordone di pellegrino renderne più mirabile la consunzione subita, come d'accetto olocausto. Così piace a Dio, nella liberazione de' suoi diletti, sovente moltiplicare le umane difficoltà, non solo acciocchè l'opera divina apparisca maggiormente evidente, ma che l'uomo forte con modestia costante, e senza ostinatezza s'addestri a dedurre delle cagioni stesse del disperare ragioni d'umile speranza operosa. E notate che non sotto a ricche tende o in palazzi superbi amano apparire agli uomini gli Angeli confortatori; ma tra i rami d'una querce, tra le fiamme d'un rovo in solinghe tranquille libere cime. Le parole che il giovane prode risponde, non sono di dubbi disperato o di rimprovero alterno, ma d'umiltà schietta, di fiducia accorata. Domanda: Dove sono le meraviglie che hanno già liberato Israello? - Domanda così, non perchè non ci creda, anzi perchè le desidera rinnovate[1]. Si tiene non degno all'opera grande: non è di que' tanti che si mettono innanzi per riformare il mondo, e col pur gridare le loro promesse, le fanno ire a vuoto. Anche alla benedetta tra le donne, Maria, viene l'Angelo e dice: Il Signore è teco; anche Maria domandò come potess'essere degnata all'onore che l'Angelo annunziava. E la redenzione compiuta da Gesù Cristo è la legge perfetta di libertà. - dice Paolo. Pace del Signore chiamò Gedeone quel luogo dove gli apparì l'angelo bellissimo in veste di pellegrino: pace del Signore la chiama, perchè nella vera grandezza è pace, pace che nel pericolo e nel contrasto conserva l'animo de' forti sinceramente sereno.

NOTE

[1] Israello era popolo prediletto a Dio, popolo singolare, eletto a non dipendere dagli idolatri; siccome quello in cui dovevasi figurare e preparare la grande opera della Redenzione.

CIRCOSPEZIONE NELL'ARDIMENTO

Lo stesso dì che gli apparve l'Angelo del gentile ardimento, una voce, ch'era di Dio, parlò a Gedeone nel cuore e gli disse: «Prendi il bue ch'è di tuo padre, e un altro di sett'anni, e va, e distruggi l'altare di Baal, che lo eresse tuo padre; e taglia il bosco che cresce intorno all'altare; e poi rizzerai un altro altare al Signore Dio tuo su quel sasso medesimo sul quale hai fatto dianzi l'offerta: e, preso il secondo de' buoi, l'offrirai in olocausto sopra una catasta di legne, fatta dal bosco profano che avrai reciso». Era Baal un idolo di molti tra' popoli d'Oriente; e gli adoratori di certi idoli coltivavano un bosco intorno al sagrato. E certamente, se l'idolo non v'era che lo contaminasse, il bosco (con l'ombra mesta rallegrata dai raggi del sole penetranti tra foglia e foglia, quasi zampilli di luce che spicciano di mezzo al verde; col verde di varie tinte, dal bruno carico delle piante forti al chiaro e quasi gialleggiante degli arboscellini giovanetti; col mormorìo de' ruscelli correnti sotto, o col rumore de' lontani torrenti; col canto degli uccelletti innocenti, e col grido del falco nelle solitudini altissime; con lo stormir delle frasche commosse dal vento o da' cervi fuggenti; con quella vita rigogliosa e quieta che si diffonde da ogni fronda e da ogni fiorellino odoroso appiè degli alberi antichi) il bosco poteva, empiendo l'anima di pace pensosa, levarla all'invisibile Dio, creatore, sempre presente, di tante opere belle. Ma l'uomo infelice per disviarsi da Dio, abusa troppo sovente delle opere belle. Quei boschi pertanto, fatti ricetto di cerimonie non lecite, erano come nido di serpi tra' pruni; e conveniva sterparli. I sacrifizi che Dio ingiungeva agli Ebrei, erano d'animali: non già che Dio n'avesse di bisogno per sè, chè di nessuno offerta nostra egli ha di bisogno; ma chiedeva dall'uomo che gli presentasse una piccola parte anco de' beni visibili, ricevuti dall'alto; e scegliesse tra le offerte qualcosa di pregio in segno dell'essere pronto al danno e al dolore, per fine degno. E quest'è la ragione che noi chiamiam sacrifizio ogni perdita che ci costi, e che sia donata con animo generoso. Ma, dappoichè Gesù Cristo venne con la nuova legge piena di grazia e di verità, i sacrifizi delle vittime visibili furon tutti aboliti; e sola rimase, vittima onnipossente, il sangue, tutti i dì riofferntesi, d'esso Gesù benedetto. Gesù chiede che offriamo insieme col sangue suo i cuori nostri e i pensieri: e già nella stessa antica legge l'offerta del cuore puro o pentito era principalmente richiesta. Onde il Salmo: «Sia la preghiera mia, incenso nel tuo cospetto; il levarsi delle mie mani a te, sacrificio vespertino». E seguita sublimemente, con parole che prenunziano la più alta ancora, verità cristiana: «Metti, Signore, guardia alla mia bocca, e riparo di circospezione alle mie labbra; non lasciare che il cuor mio si abbassi in parole di malizia, a ordire le scuse de' falli».

Gedeone, quand'ebbe udita dentro di sè la voce del Signore, s'apparecchiò all'operare. Ma vedendo bene che il farlo all'aperto sarebbe troppo dispiaciuto a suo padre, non gli volle di botto dar questo dolore; e attese la notte. Quando si può, anco a coloro che fallano e sono colpevoli, quando si può risparmiare anco a loro un'offesa o un dispiacere è nostro debito porvi cura; massimamente se chi falla è congiunto con noi per vincoli di natura, d'affetto, d'autorità. Bisogna saper contrastare al male, e rispettare al possibile chi lo fa; questo pare contraddizione: e non è. Basta chiedere a Dio l'accorgimento nel coraggio, e nello zelo del bene la temperanza. A Gedeone, del resto, questa moderazione giovava; perchè, s'egli avesse, di bel giorno, preso a distrugger l'altare; il padre, i vicini, chi per isdegno, chi per rispetto umano, chi per paura, gli si sarebbero mossi contro, e impeditolo: e le ire irritate portavano colpe nuove, poi nuove calamità. Non basta avere un pensiero buono; conviene non lo mandar a male con le proprie imprudenze: perchè nell'imprudenza ci ha sempre parte l'orgoglio; e l'orgoglio sciupa ogni cosa. Aspettò, come dico, Gedeone la notte; e prese seco dieci de' suoi garzoni che amavano lui, e temevano Dio più che gli uomini; e saliva al bosco con essi. Saliva, e pensava alle sventure del suo popolo, antiche oramai: pensava a Dio e riguardava all'azzurro profondo del cielo scintillante di stelle, che ciascuna era come un occhio il quale ammiccasse, e una lingua che l'incuorasse a speranza; e quelle tenebre mute gli parevano piene di vita e di sicurtà: e salendo affrettava il passo com'uomo che scende per facile china. E guardava dall'alto il villaggio, e la querce dove gli apparì l'Angelo del Signore, e la casa paterna; e, guardando, s'inteneriva.

Dispersero le pietre dell'altare, tagliarono il bosco; e, riattaccati alla carretta i due bovi, portarono le legne al luogo ov'era da rizzare l'altare novello. E lo fecero; e l'un de' due bovi sacrificarono. E, orando, se n'andarono, che la notte era tuttavia oscura.

Sull'alba, la gente esce di casa; e, guardando, trovano il boschetto sparito; e non l'altare dell'idolo, ma un altro altare in altra parte; e dicevano: «Chi può essere stato mai?». Cominciarono a cercare; e intanto taluni, pensando a mente riposata, si sentivano passare lo sdegno, e rinascere in cuore l'affetto alla religione di quel Dio che li aveva liberati da tanti empi re. Anche questo con la prudenza si guadagnò Gedeone, che lasciò tempo alla gente a pensare; pensare a quel che aveva operato lui, e quello che stavan per fare essi. Ma, perch'egli non si vergognava della cosa, e non si nascondeva, nè molto meno avrebbe, a chi lo interrogasse, degnato dire bugia, vennesi ben presto a sapere la cosa. I più arrabbiati (chè degli arrabbiati ce n'è sempre, tanto più quanto più sentono d'aver il torto), e quelli tra gli Ebrei che vilmente temevano il forestiero, e quelli che per adorare l'idolo del forestiero speravano di ingraziarselo e guadagnare sporcizia di quattrini o fumo d'onori; e quelli che non vogliono novità per poltroneria, per cocciutaggine, per non parere scolari di nessuno; tutta questa gente, chi più accanitamente, chi meno, andarono dal padre di Gedeone, e dissero: «Egli ha atterrato l'altare, atterrato il bosco; e deve morire». Il padre sì per pietà del figliuolo, sì perchè se ne teneva in cuor suo quel giovane avesse fatto opera coraggiosa, e sì perchè la religione de' padri suoi non gli era in tutto morta ne' pensieri, rispose il povero vecchio: «Siete voi forse i vendicatori di Baal? Ha dunque di bisogno che voi altri costì combattiate per esso? S'egli è dio, si farà giustizia da sè. Punisca egli quello che gettò l'altare suo a terra». E smessero. Perchè già ne correva tra le genti fama, e il popolo amava sempre più Gedeone. Perchè piacciono al popolo gli uomini generosi che rispettano e fanno rispettare le cose di Dio. Cresceva presto il rumore; come fuoco che, attaccato alle felci, si distende via via, e piglia la selva vicina, e fascia tutta la montagna di fiamma.

Allora i Madianiti e gli Amaleciti e altri popoli del paese a levante, si raccolsero inviperiti, come se Israello volesse cosa iniqua e il reo fosse lui: e passarono il Giordano, e si accamparono nella valle di Jezraele. Gedeone, incuorato da quello spirito di Dio che gli aveva messo nel petto la prima scintilla di carità, suonò la tromba; al cui segno i vicini concorsero volenterosi. Perchè il suo coraggio spandevasi ne' vicini, come dal fuoco vivo esce calore, e si spande nell'aria e in tutte le cose dintorno, e il ferro, messovi, si arroventa.

Concorsero volenterosi i vicini: ed egli mandò messaggi per tutta la tribù di Manasse; e tutti i guerrieri della tribù di Manasse concorsero e lo seguitarono. E mandò altri messaggi nelle tribù d'Aser, di Zàbulon, di Nèftali; le quali tribù avevano, come sapete, da' figliuoli di Giacobbe redato il nome loro: e concorsero anch'eglino volenterosi. E ciascun de' guerrieri, all'aspetto del buon volere altrui si sentiva crescere l'animo proprio in petto: e l'ardimento di tutti era come moltiplicato per il buon volere di ciascheduno: siccome gocciole che, ognuna da sè, rimangono mute e sterili, e la terra le ingoia e il vento passando le asciuga; ma unite, fan corso d'acqua veemente, sonante, fecondatrice de' campi; e sul dorso suo vanno celeri al mare e li snelli navicelli e le barche cariche di ricchezze e i traini de' pini tagliati sull'alta montagna.

Gedeone, incuorato della concordia de' fratelli, pregò umilmente al Signore, e gli disse: «In segno, o Signore, che voi degnate far salvo per mia mano Israello, io porrò nell'aia questo vello di lana. Se la rugiada sul vello cadrà, e che la terra intorno rimanga asciutta; saprò che per mia mano, o Signore, libererete Israello». E' pose il vello della lana la sera: e di notte si levò, e strizzò la lana; e ne uscì piena una conca della rugiada. Or di nuovo disse a Dio Gedeone: «Non vi sdegnate, o Signore, contro di me, se ancora una volta vi tento, e vi chiedo un altro segno della bontà vostra grande. Stenderò questo vello: ora prego che solo il vello sia secco, e la terra intorno molle di guazza». E Dio fece in quella medesima notte secondo che Gedeone pregava: e fu asciutto il vello, e per terra tutto rugiada.

Aveva Gedeone da Dio tanti segni; pur tuttavia ne richiede altri ancora, che lo raccertino perchè non di lui solo si tratta, ma di tanti infelici fratelli, ai quali il prode uomo temeva rendere i mali più duri, volendogliene alleviare. E quando si tratta del pericolo altrui, e delle tue sorti, o patria, la prudenza non è mai troppa. Noi possiamo disporre de' comodi nostri proprii; ma mettere a risico il bene altrui non possiamo senza l'assenso loro e senza sicurezza d'esito buono e onesto. Badiamo però, che la prudenza di Gedeone non è diffidenza della divina bontà, nè paura del disagio o del male proprio. Egli invoca nuovi segni per più riposo della sua conoscenza, la quale era già dentro di sè bene ferma.

Quand'e' si vide venire da tutte le parti al suo cenno combattenti pronti, poteva Gedeone inorgoglire che al suono della sua tromba tante armi s'adunassero ubbidienti; poteva nell'armi mettere tutta la speranza, e non si ricordare di Dio; o almeno credersene sicuro, e correre alla battaglia, per vieppiù presto liberare la sua nazione. Ma Gedeone attende ancora una parola da Dio: chiede una risposta alla notte, alle rugiade la chiede, che stillano dal cielo, tacite confortatrici. E veramente, nelle anime appassite dal disamore, seccate dalla schiavitù, la speranza di Dio liberatore è rugiada che scende invisibile a stilla a stilla, e irriga i fiori languenti, e s'insinua in ogni venuzza dell'erba rifinita. E siccome il vello prima rugiadoso e il terreno era arido, e poi guazzoso il terreno e il vello asciutto; così può il buono Iddio distinguere delle sue gioie le anime speranti in lui, mentrechè le altre d'intorno, abbandonate a sè stesse, vengono meno; e può preservare noi dall'altrui mollezza e farci esempio singolare, non per i meriti nostri ma per i suoi imperscrutabili consigli, i quali, meditati, ci ispirino, anzichè orgoglio incauto, umile gratitudine. Iddio buono può farlo; e vuole se noi lo preghiamo.

INDIZII DEL VALORE

Era oscura la notte; e Gedeone con tutta la moltitudine armata mossero, e vennero dov'era una fonte. Il campo de' Madianiti era dalla parte di tramontana appiè d'un colle alto. Gedeone in suo cuore parlava con Dio che guidasse a bene l'impresa; parlava con Dio siccome ad amico sicuro e forte. E Dio gli mise nel cuore questo pensiero: «Grande moltitudine hai teco; nè Madian deve da tutti costoro essere vinto, acciocchè non si vanti Israello e non dica: Io mi sono con le mie forze proprie liberato. Parla al popolo, che tutti sentano, e dì: Chi ha paura, ritorni addietro». Così parlò Gedeone: a questa parola sorse nella gran folla un bisbiglio, e molti si guardarono in viso. I men forti cercavano nella vista o nelle parole dei vicini un segno che incuorasse a tornarsene: perchè anco a mostrarsi paurosi ci vuole coraggio, e forse più che a compiere addirittura il dovere proprio; così come costa più alcune volte non pagare il debito che pagarlo esatto e pronto.

Ma i veramente disposti al combattere, che sono da ultimo i più pietosi all'altrui debolezza, indovinavano quella parola che mormorava nel cuore de' loro conoscenti; e cominciarono a' esortarli che se ne andassero pe' fatti loro. E chi diceva, che tanta gente erano troppi, e avrebbero nella mischia dato impaccio più ch'altro: e chi trovava al vicino una scusa, o ch'egli era troppo giovane, o troppo attempato, o indisposto; o della madre, o della moglie, o de' figliuoli, o delle faccende di casa, o del dover difendere ciascheduno il proprio paesano: tanto che quella gente potesse senza vergogna levarsi dal temuto pericolo. E così moltissimi si staccano dall'esercito d'Israello; chi lesto lesto e senza tante parole; chi pur dimostrando gran voglia di rimanere, e pregando d'essere richiamati a un bisogno, e abbracciando i compagni, parte per tenerezza sincera, parte per gratitudine d'essere sciolti dall'obbligo del combattimento, parte con segreto rimordimento del lasciare i fratelli alla prova dura. Sfilavano taciti per le tacite ombre notturne, temendo che il suono dell'armi li palesasse al lontano nemico. Così, quando il vento scuote l'ulivo grave di frutte, le men salde si staccano e cadono per le terre a marcire, o che l'acqua le porti via.

Ventidumila uomini se ne ritornano alle case loro; rimasero diecimila. Allora Iddio mise in cuore a Gedeone un altro pensiero: «Questa gente ch'hai teco è tuttavia troppa. Menali all'acqua che corre qui presso; e avrai saggio del loro valore; e a quel segno che io dirò saprai chi mandar via e chi tenere». Vennero gli armati all'acqua; e disse Dio a Gedeone: «Coloro che appena assaggeranno dell'acque solleciti e lesti, tu devi scernerli e separarli; coloro che piegheranno le ginocchia a terra per bere, tutta da un'altra banda». Or il numero di que' che ritti nel cavo della mano prendendo dell'acqua se la gettavano alle labbra e passavano via, trecento: e gli altri novemila settecento, tutti col ginocchio piegato, curvi sulla sponda, bevvero più agiati. Disse Iddio a Gedeone: «I trecento che appena toccarono dell'acqua, con essi io vo' che sia liberato Israello. Gli altri, via».

Con questo il Signore c'insegna parecchie cose. C'insegna che non il numero ma lo spirito costituisce la forza: c'insegna che, prima di mettere gli uomini a cimento, anco che ci paia conoscerli bene, convien porli a qualche prova, e osservare senza diffidenza ma con cura grande: c'insegna che un piccolo indizio talvolta serve a manifestare l'indole dell'uomo, i suoi abiti e le sue facoltà: c'insegna che coloro i quali nelle piccole cose si dimostrano amanti de' propri comodi, non sapranno nè vorranno soccorrere con qualche dolore o disagio o noia i fratelli ne' pericoli e nelle necessità. L'uomo che ama i proprii comodi, non è buono a nulla di grande; è un intoppo nelle faccende della vita, una seccatura, una piaga.

Comandò Gedeone che i novemila settecento, se ne rimanessero al campo; e prese seco i trecento, con altrettante trombe, e l'occorrente alla guerra. Il campo di Madian era giù nella valle. Quella notte medesima Dio gli ispirò di scendere nel campo nemico insieme con Fara suo servo fidato, per qualcosa conoscere di quel che seguiva lì, e prendere alla vicina battaglia lume e coraggio. I Madianiti e gli Amaleciti e gli altri popoli del paese a levante, giacevano per la valle sotto le tende che luccicavano al lume languido; e fuor delle tende i lor cammelli senza numero, fitti come i ciottoli lungo il fiume. Gedeone con Fara, servo suo fido, discesero balzando di masso in masso, tra le piante non visti, cercando pur l'ombre; e con lo stormire che faceva il vento tra rami coprendo il suon leggero de' passi.

Appressatosi Gedeone alle prime tende, accostò l'orecchio, e sentì due che parlavano, sì che per il silenzio delle cose le parole si distinguevano, come fa in foglio bianco scrittura netta. E diceva un soldato sdraiatogli accanto, raccontando il sogno veduto: «Mi pareva che un pane d'orzo cotto sotto la cenere ruzzolasse dall'alto, e cascasse nel campo di Madian; e, venuto alla nostra tenda, la urtò sì ch'essa cadde tutta, nè si levava d'un dito da terra».

L'altro soldato rispose: «Questo non è altro che la spada di Gedeone, figliuolo di Gioas, guerriero del popolo d'Israello. Io dico che Dio alle mani di lui abbandonò Madian, e tutti noi». All'intendere Gedeone quel sogno, la dichiarazione del sogno, si sentì battere il cuore di gratitudine più che di gioia e si pose la mano al petto, come per rattenersi, e alzò gli occhi al cielo, e adorò co' pensieri. E a Fara accennò di venire.

Salsero: e appena venuti ai trecento, disse: «Il Signore ci dà nelle mani le forze di Madian». Partì i suoi trecento in tre schiere; e a ciascuno diede in mano una tromba, e un vaso di terra con entrovi un lumicino. E disse: «Quel che vedete ch'io fo, fate tutti. Entrerò nel campo; tenetemi dietro. Quando la tromba ch'è in mano mia, suonerà, e voi suonate giro giro per tutte le tende gridando: a Dio e a Gedeone».

Era mezza notte allorchè Gedeone, co' trecento, calò. Quando furono appostate le tre schiere in tre diverse parti della valle, ecco dànno a un tratto nelle trombe, e l'un coll'altro ruppero i vasi di terra; e apparvero i trecento lumi delle tre schiere distinte, disseminati pel cavo dell'ampia valle. Con la manca tenevano i lumi, con la destra le trombe squillanti terrore e gridavano, or l'uno or l'altro drappello, con voce lenta e profonda: «Spada del Signore e di Gedeone». Così ciascheduno, fermo al suo luogo, con la luce e col suono spargevano spavento negli occhi e negli orecchi a quelle migliaia ammontate, assonnate, dubitanti: e la luce e il suono sùbiti, per quel buio e per quel silenzio, ferivano gli animi di più che umana minaccia. Spaventati si rizzan tutti; e gridando e urlando fuggivano. Ma l'un nell'altro urtano e intoppano; e tra i cammelli e tra i carri s'imbrogliano come cervo tra i pruni: e la paura si volge in rabbia disperata; perchè la rabbia della paura è la più trista di tutte le rabbie. E i trecento intanto, pur fermi in giro; e suonavano con unanime squillo le trombe. Ai Marianiti, impediti dal numero e confusi per le tenebre fatte eguali e più fitte dal languido tremolare de' lumi, parve che ogni intoppo a' lor passi fosse una turba d'Israeliti in torrente; e dalle proprie spade tagliati e trafitti, cadevano.

GUARDATEVI DALLE DISCORDIE DOPO IL PERICOLO

Allora gli uomini d'Israello della tribù di Nèftali e d'Aser, e tutto Manasse, si misero a inseguire que' che fuggivano forsennati: e tutti erano buoni a questo. Anzi coloro che forse nella mischia a petto a petto avrebbero più trepidato, adesso schiamazzavano, come cacciatori briachi. Ma rendevano servigio anch'essi alla patria. Nel bosco profondo i forti cerri e gli abeti dan legno utile alle navi da guerra e agli edifizii d'eccelsa mole; ma le piante più gracili anch'esse aggiungono ricchezza e bellezza alla fitta famiglia verdeggiante tra' massi. Acciocchè sia più piena la caccia; mandò Gedeone per tutta la montagna abitata dalla tribù d'Efraimo messaggi, dicendo: «Scendete a rincontro di Madian, venite al Giordano, chiudete i passi». Scesero que' d'Efraimo gridando vittoria, presero i passi, fecero strage del disperso nemico. La strage, parte nel campo, parte per via, parte all'acque, fu di molte migliaia. A vittoria compiuta, si presentavano gli uomini d'Efraimo a Gedeone, con grande baldanza, com'uomini d'autorità, sdegnati, e gli dissero: «Che hai tu inteso di fare, che quando andavi a combattere Madian, non ci volesti chiamare anche noi?». E si dolevano come il furto fatto al loro valore, e alla patria, come diffidenza rea, come d'orgoglio principesco, come d'imprudenza che con poche forze espose tutta la nazione a estremo pericolo Forse coloro che avrebbero meno gradito l'invito al combattere, quelli più insolentemente si gridavano offesi dal non essere stati chiamati, al combattere. Insolentivano, brandivano le armi tinte del sangue nemico, quasi a minaccia. Gedeone con volto tranquillo e fronte alta senza interrompere i loro schiamazzi, ma attendendo il momento opportuno per far intendere la sua voce, disse: «Quel poco ch'io feci, non è da pareggiare all'impresa, o fratelli, compiuta da voi». A tali parole sgonfiò l'ira loro, e s'abbonirono. E Gedeone, nel dirle, sentiva così. Conosceva, cioè, che nelle imprese il ben cominciare senza condurre ad intero termine e saldo, è come nulla. Ma ben fu merito di virtù e di prudenza l'attutare quegli animi sollevati. Perchè le vittorie eccitano orgoglio dall'una parte, gelosie dall'altra e sospetti, e di qua e di là le cupidigie; e, col rendere gli uomini incauti del pericolo, la vittoria stessa diventa pericolo gravissimo, e può più di certe disfatte tornare vituperosa.

NON INVANIRE DELLA VITTORIA

Del grande esercito de' nemici, s'erano sottratti di là dal Giordano quindicimila; e, più dalla vergogna che dalla precipitosa fuga stanchi, giacevano confusamente, senza sospetto di nuova tempesta. Quand'ecco un lontano rumore a ogni momento approssimarsi, rumore di passi e d'armi. Ma gli uomini che sono usi alle liete fortune; la sventura par loro un sogno breve; e aspettano sempre di destarsi e scuoterla via da sè: tradiscono sè stessi con la speranza presuntuosa. Que' Madianiti credettero fosse un'altra schiera de' loro, scampata al macello: e chi sa non s'aspettassero di sentire che Gedeone e tutto Israello era vinto? Ma quando, al primo timido albore, e al silenzio minaccioso, conobbero la battaglia che veniva, sgomenti da quella stessa loro fidanza, si rimisero sconsigliatamente alla fuga. Gedeone li insegue buon tratto di via; prende i due capitani Zebeo e Salmana; e, stanco d'uccidere, e già sicuro della piena vittoria, si ferma, raccoglie i suoi, che, quasi veltri anelanti nel fervor della caccia, si sbandavano alla strage dei fuggenti: li raccoglie; e, innanzi che il sole sorgesse, ritorna.

I figliuoli d'Israello, liberati per mano di Gedeone, gli dissero: «Sii tu, Gedeone, signore nostro, tu e il figlio tuo, e il figliuolo del figlio tuo; giacchè ci hai liberati dalla forza di Madian». Gedeone rispose: «Non sarò io, no, signore vostro; nè signor vostro sarà il figlio mio; ma regni solo il Signore Iddio sopra voi».

Poteva Gedeone, onorato di tanti segni col favore divino, stimarsi idoneo a reggere il popolo d'Israello, anco ch'eglino non gli si profferissero ubbidienti: poteva, per amore de' proprii figliuoli, volere quella potestà, e, come segue, confondere la vanità propria con l'affetto patrio e col paterno. Ma Gedeone pensò: «Altro è vincere una battaglia, altro è governare una gente. Buon guerriero può essere reggitore cattivo. E quand'anco io sapessi, chi dice a me e a questo popolo, che mio figlio saprà? Che il figliuolo di mio figlio saprà? E s'egli fosse imbecille? o pauroso? o sospettoso? o (Dio liberi) bindolo? Bell'onore a me e a lui! Di mia mano l'avrei messo in alto per fare infame il mio sangue, e perchè tutto il popolo d'Israello, passando lungo il luogo della mia sepoltura, dicesse parole di dolore o di sdegno. No, no, non è affare per me». E rifiutò il potere proffertogli, come l'uomo rifiuta un cibo messogli innanzi amorevolmente, che è buono a vedere, ma si sa di certo che non si potrà digerire. E fece benissimo.

Sovente, però, chi resiste alle maggiori tentazioni, dalle più piccole non si riguarda: ch'anzi si tiene come in facoltà di cedere a quelle. Disse Gedeone agli uomini del suo popolo: «Sola una cosa domando: datemi gli orecchini che avete presi al nemico» (perchè quella gente portava agli orecchi campanelline d'oro). E gli uomini d'Israello risposero: «Volentieri». E stesero un gabano per terra, e vi gettarono tutti gli orecchini tolti ai nemici o morti o presi; e che in tutto pesavano millesettecento pesi d'oro fine, senza contare le collane e gli altri adornamenti d'oro, e le vesti di porpora che portavano i re e i signori di Madian, e senza le collane d'oro che pendevano al collo di que' cammelli tanti. Gedeone non prese che gli orecchini, e ne fece un efod, e lo mise per memoria in Efra, la città ch'egli stava. Era l'efod un paramento sacro, tessuto con fila d'oro e di roba finissima a varii colori fiammanti; e due piastre con opere di rilievo: e nel mezzo aveva due pietre preziose, e scritto in quelle i nomi delle tribù d'Israello: sei nomi in una pietra, sei nell'altra, secondo l'ordine che erano nati i figliuoli del Patriarca Giacobbe. Erano incastonate nell'oro le piastre. Il sacerdote portava dinnanzi al Signore sopra l'uno e l'altro omero per memoria i nomi de' figli e delle tribù d'Israele. E gli uncinelli eran d'oro, e pendevano da due catenelle d'oro. Il paramento che Gedeone fece, non sarà stato per l'appunto come quello del gran sacerdote; ma il popolo, prese a tenerlo per cosa sacra; e col tempo se ne servirono a superstizione e al culto degl'idoli vani. Ecco, la vanità di Gedeone quanto male portò a tutto un popolo senza volerlo. La sua memoria si sarebbe molto bene conservata senza ninnoli d'oro; e le trecento trombe che squillarono nella notte tremenda, erano trecento voci che sempre avrebbero nelle generazioni lontane accompagnato quel grido: Spada di Dio e di Gedeone. E gli alberi della valle ove fu la disfatta, gridavano anch'essi: A Dio e a Gedeone. E ogni pietra del colle echeggiava così. E se tutti quelli che si pensarono di affidare a monumenti di materia costosa il nome loro, si fossero piuttosto fidati alla riconoscenza e contentatisi d'una memoria semplice e da poveretti; avrebbero alla intenzione loro stessa provveduto assai meglio; perchè quella memoria semplice non stuzzicava le ladre avidità. All'incontro, i ricchi monumenti ne vanno, prima o dopo, rubati e guasti da mani straniere, o da' posteri stessi sconoscenti e ignoranti, con grande vergogna del paese, e con rammarico di chi lo ama e l'onora.

ANCO I DEBOLI POSSONO

Aveva Gedeone ricusato il titolo di re sopra il popolo d'Israello: ma, appunto per questo la propria autorità conservata; perchè, è sempre meglio rispettato chi rispetta l'altrui dignità. Morto Gedeone, i figliuoli di lui stavano per redare parte della paterna autorità, e, non si sa con quale misura, distribuirsela. Quando l'un di costoro, di nome Abimelec, bramando comandar solo e col titolo di re, sedusse i suoi zii che stavano nella città di Sichem; e questi trovarono a Sichem danaro, col quale Abimelec assoldò vagabondi senza patria nè coscienza, e andò in Efra alla casa di Gedeone suo padre, e uccise tutti i suoi fratelli ch'erano molti, li uccise tutti sopra la medesima pietra. Un solo ne scampò, e si nascose: Gioatan, il più giovanetto. Allora taluni tra i cittadini di Sichem, e della borgata di Mello, si adunarono per dare ad Abimelec nome e arbitrio di re; lo elessero là sotto la querce che sorgeva nel mezzo di Sichem.

Gioatan lo seppe; e andò sul monte di Garizin, e a voce alta chiamò i cittadini di Sichem, e disse: «Ascoltatemi, cittadini: e così Dio ascolti voi. Gli alberi della campagna volevano eleggersi un re; e parlarono all'ulivo: - Comandaci tu. - L'ulivo rispose: - Poss'io abbandonare il pingue mio frutto, ch'è di tant'uso e nelle cose sacre e nelle domestiche, e venirmene per abbadar ai fatti delle altre piante? - Allora dissero gli alberi al fico: - Vieni, sii re e fico a noi - Il fico rispose: - Poss'io abbandonare la dolcezza delle mie frutta per abbadare quello che le altre piante fanno? - Gli alberi allora parlarono alla vite e dissero: - Or via, comandaci tu. - E la vite rispose: - Poss'io tralasciare di far il mio vino ch'è l'allegrazza degli uomini, per tener dietro a quel che le piante fanno? - Allora gli alberi tutti dissero al rovo: - Comandaci tu. - Il rovo rispose: - Se voi veramente mi volete a re, venite e posatevi alla mia ombra. Ma se non volete, esca fiamma del rovo, i cedri del Libano ne sian divorati -. Or dunque, o cittadini di Sichem, se avete fatto cosa giusta e innocente a eleggervi Abimelec in re; se vi pare d'aver bene operato verso la casa di Gedeone, e reso buon ricambio ai benefizii di lui che espose la propria vita al pericolo per liberarvi dalle mani di Madian; se vi pare buon ricambio levarvi contro la casa di mio padre, e spargere tanto sangue suo; se cotesta cosa è giusta e innocente verso Gedeone e verso i discendenti di Gedeone; andate pure lieti di Abimelec re, e egli di voi. Ma, se male avete operato, uscirà dal vostro re fuoco vivo, e consumerà gli abitatori di Sichem e il borgo di Mello; uscirà fuoco vivo dagli abitanti di Sichem e dal borgo di Mello, e divorerà Abimelec re».

Con la parabola dell'ulivo e del fico e della vite e del rovo Gioatan intendeva parecchie cose. Intendeva che alcuna volta chi sta bene, si cerca il malanno da sè; chi non ha sopraccapo, ricerca come diventare lo schiavo d'altrui; e non ha posa sinchè non si trovi un padrone dappoco, che lo maltratti; e, per avere quest'onore, commette il male e dà noia alla gente. Intendeva Gioatan, che chi bada a' fatti suoi non ha tempo da far l'uomo addosso ad altrui; e chi sa fare cose utili e belle, anco che gli profferiscano certa potestà, la rigetta come indegna e noiosa. Intendeva che i meno meritevoli e men valenti sono i più presuntuosi e i più prepotenti. Intendeva che l'uomo il quale esercita la sua autorità con minacce, o l'ha male acquistata o vuol farne mal uso. Intendeva che cattivi superiori e inferiori cattivi sono, l'uno all'altro, come un fuoco che consuma con fumo e rovina, e dopo sè lascia cenere e fuliggine e macìe nereggianti.

Dette quelle parole dall'altura, e stando sempre all'erta che non s'evventassero que' di Sichem ad acchiapparlo, fuggì il giovanetto Gioatan; e stette in Bera per tema di Abimelec, di quel re scellerato. Abimelec regnò tre anni, e distese la sua potestà sopra tutto Israello; giacchè troppo spesso accade che molti uomini s'accordino insieme nelle cose dannose e ree e vili, anzichè nelle utili e generose. Ma dopo tre anni si mise uno spirito di discordia tra Abimelec e gli abitatori di Sichem, che non lo potevano più patire. E, perchè l'odio ha buona memoria, s'incominciò a rivangare il passato, e rammentare il macello de' figliuoli di Gedeone su quella pietra, e incolparne Abimelec re, e que' signori di Sichem i quali l'avevano spalleggiato che non erano della povera plebe. E i malcontenti del re si rifuggirono alla montagna a fare il mestiere del bandito; e svaligiavano i passeggeri. Così segue nel mondo, che si coglie il pretesto di punire una vecchia furfanteria per commettere delle nuove furfanterie. Ma quando i seguaci di Abimelec re vennero alle mani con essi, non si sentirono allora tanto coraggio; e caddero vinti o si spersero.

La guerra s'era, del resto, dilatata, e dava al tristo re duro impaccio. Fra le ribellanti era una città nominata Tébes, munita d'un'alta torre: e Abimelec la assediava. Entro alla torre s'erano rifuggiti i maggiori cittadini del luogo, e uomini e donne assai e combattevano fieramente. Abimelec ardito sotto la pioggia delle saette veniva co' suoi; ed era già presso alla porta, con rami d'alberi e con fuoco per bruciare la porta, e aprirsi il passo. Quand'ecco una donna dalle mura l'adocchia e prende un pezzo di macine da mulino, e glielo gettò sulla testa, e gli fracellò le cervella. Lo trascinarono indietro, che combatteva con la morte. E quel disperato chiamò il suo scudiere e gli disse: «Sguaina la tua spada e feriscimi». L'ubbidì lo scudiere. Non vedeva il re miserabile, che in quel modo e' periva per mano insieme e d'una femmina e d'un servitore; ché la spada del servitore non gli risarciva la ferita fattogli dalla femmina. Così per orgoglio negò a sé la consolazione estrema del chiedere pubblicamente perdono a Dio, e del volgere al suo popolo un'onesta parola. La costui vita e morte dimostra com'egli non pensasse che a sè. I cattivi, massime quando arrivano a comandare, si scomunicano dalla patria.

Tolto di mezzo Abimelec, fu levato l'assedio; e nessuno lo pianse. Ma i buoni, già oppressi da lui, gli avranno avuta più commiserazione che i tristi suoi complici nella iniquità.

LA NUORA BUONA

Nel tempo che il popolo d'Israello non era suddito a re, ma che un giudice lo reggeva; venne un anno di fame grande, che la povera gente non sapeva come poter sostenere la vita. Allora un uomo che stava in Betlemme, si risolse, per non morire di morte lenta e non si sentir morire nella moglie e ne' due suoi figliuoli, d'andarsene con la famigliuola sua nel paese de' Moabiti, in cerca di lavoro e di pane. E' si chiamava Elimelec; e sua moglie Noemi e i figliuoli, l'uno Maalon, l'altro Chelion, giovanetti. Doleva alla povera famigliuola abbandonare i luoghi ove nacquero, e le persone conoscenti strette; ma la necessità sospingeva. Andarono dunque nel paese de' Moabiti; e lì si posero; e trovarono da campare d'onorato lavoro. Elimelec di lì a non molto morì; rimase Noemi co' due figlioli soletta in paese di forestieri. Ma gli erano ben veduti; e trovarono lavoro; e campavano quietamente. Presero moglie là nel paese, ancorchè i Moabiti non tenessero la religione pura e spirituale del popolo d'Israello: ma pensò la buona madre Noemi e pensarono i due buoni figli che, senza forzarle a mutare credenza, colle maniere affettuose e col dolce convivere insieme, le due giovani donne avrebbero abbracciato la fede per la quale Israello era l'eletto tra tutte le genti. Delle due giovani donne aveva nome, Orfa l'una, e l'altra Rut. Vissero in concordia dieci anni: poi Maalon e Chelion morirono; e Noemi rimase senza nè marito nè figli.

Or quand'ella seppe che il Signore, misericordioso a Israello, di bel nuovo gli dava annate buone, Noemi si risolse di uscire del paese del suo pellegrinaggio e ritornare a' luoghi ove nacque. Alle due nuore voleva bene Noemi; ma temeva che fosse loro troppa fatica mantenere lei povera vecchia. Diceva: «E se le si rimaritano? Come farò io a vedere le mogli de' figliuoli miei con altr'uomo, e io starmene ancora con essi; e mangiare del loro pane, come per carità?». Dunque disse: «Me ne vo' ire». Le piangeva il cuore a pur pensare di distaccarsi da quelle due donne che avevano fatta così buona compagnia a' figli suoi, che li avevano pianti tanto: ma bisognava così. Le due nuore dissero: «Vogliamo almeno accompagnarvi, o madre, un tratto di via». Ella gradì e si misero adagio adagio in cammino le tre poverette.

Quando furono a un certo luogo, Noemi, temendo che Orfa e Rut fossero stanche, e sentendo che sempre più amaro sarebbe alla lunga il distacco, si fermò sotto un albero, e disse loro: «Figliuole mie, ritornatevene alla casa di vostra madre; con la mia benedizione ritornatevene, figliuole mie. Faccia il Signore misericordia con voi, così come voi avete fatto co' miei morti, e meco. Il Signore vi dia grazia di trovar pace nella casa dell'uomo che vi è destinato». E le abbracciava e baciava; e piangeva pensando a' suoi figliuoli, e a que' dieci anni di povertà serena e di pace. E ripeteva sempre le medesime parole; e le due giovani donne piangevano singhiozzando sempre più. E dicevano: «Verremo tra il popolo vostro, a vivere con voi madre». E Noemi «Tornatevene, figliuole. Perché venire voi meco? Io non ho casa da darvi; e i figliuoli miei sono morti. Non vogliate, vi prego, mettervi a nuovi patimenti per me; perché più del mio, il vostro patire mi accorrerebbe. Iddio vi benedica figliuole mie, e vi risparmi i dolori che ha dato a me». Le due donne piangevano, e non potevano dir parola.

Orfa baciò la suocera, e tornò ad abbracciarla; e se ne andava, aspettando che Rut anch'ella venisse. Ma Rut pregò la lasciasse ancora un poco in compagnia di Noemi. E quando furono Rut e Noemi sole, la giovane donna disse: «Io vo' venire con voi». Ma Noemi le disse: «No, figliuola mia buona. La vostra cognata se n'è ritornata da sua madre: andatevene con essa: Dio vi rimeriti del vostro buon cuore che dimostrate verso questa povera vecchia, verso la madre di quel poveretto». Rut le rispose: «Madre mia, non mi dite di no; non mi comandate ch'io me ne vada da voi. Ovunque voi andrete, io verrò; e ove voi rimarrete, io rimango. Il vostro popolo sarà il mio popolo, e il Dio vostro, madre, il mio Dio. Quella terra che vedrà morir voi, e vi riceverà nel suo seno, in quella sarò sepolta. Iddio mi veda il cuore e Egli così mi dia bene, com'io intendo che non altro da voi mi divida se non la morte». Noemi, vedendo Rut risoluta del venire seco, non osò più voler essere lasciata sola.

E consolate ambedue, se n'andavano pel bello, come due persone che allora per primo stringessero famigliarità; perché allora s'erano incominciate a conoscere più intimamente, e perché incominciavano via nuova, e l'una all'altra nel mondo era tutto. Rut, badando pure a Noemi, non si sentiva punto stanca; e diceva fra sé: «Come avrei io potuto in questo viaggio lasciarla sola? Come avrebbe fatto questa povera vecchia sola?». A ogni disagio che patisse, si consolava pensando che Noemi aveva in compagnia una persona di cuore. Anche l'aspetto di valli e d'acque non mai viste le era diletto: e a Noemi domandava i nomi de' luoghi; e Noemi era lieta di raccontarle quel che della storia del popolo suo sapeva. Ritornava Rut col pensiero di tanto in tanto a sua madre e diceva: «Non la vedrò più in questa terra». Ma nascondeva la sua tenerezza per non accorare Noemi. E già prima di partire, deliberata d'accompagnarsi alla suocera, ella aveva alla madre propria detto addio con amore e con riverenza di tutta l'anima, e chiestale l'ultima benedizione. Dunque così n'andavano queste povere donne, sulle quali gli angeli di Dio riguardano con dolce cura; e seminavano il loro cammino di dolci pensieri e parole sante.

Venite, poverette, venite: ché Dio conta i passi vostri a uno a uno e la via che voi fate lascerà nella memoria degli uomini una traccia che i secoli non potranno tor via, una traccia serena, come una lista d'allegro color celestino tra le nuvolette di vario colore nell'aprire del dì. Venite, poverette, venite; ché i vostri nomi suoneranno per tutte le parti del mondo da voi non sentite nominare mai; suoneranno siccome canto di primavera, e manderanno un dolce odore di benedizione alle anime affettuose.

Giunsero in vista di Betlemme; e Noemi all'aspetto de' luoghi della sua giovinezza sentì stringersi il cuore, e non diceva parola. Entrate nella piccola città, subito ne corse per tutte le contrade la voce e le donne dicevano: «Questa è quella Noemi!». Perchè le giovani avevano sentito spesso le madri parlare di lei; e le donne d'età, nel vederla si rammentavano tante cose del primo tempo che adesso lor pareva più bello. Guardavano Rut; e le facevano festa in grazia del bene che Noemi diceva di lei: e le vecchie, anche più benestanti, le invidiarono una nuora così. Ma Noemi infra la dolcezza di que' colloqui, era mesta, perchè pensava al marito morto, ai figliuoli morti, a tanti parenti, in dieci anni di lontananza morti; e la sua giovane nuora le rimaneva, unica consolazione.

Quando Noemi venne con Rut Moabitide, nuora sua, dalla terra del suo pellegrinaggio, e che ritornò in Betlemme, era il tempo che si segavano i grani.

LA CARITÀ RISPETTOSA

C'era in Betlemme un parente stretto d'Elimelec, del marito di Noemi; il qual parente aveva nome Booz, uomo ricco e d'autorità nella terra, non tanto perchè ricco, ma buono di cuore. Or disse Rut Moabitide alla sua suocera: «Se comandate, anderò in campagna, e raccatterò le spighe che restassero dietro a' mietitori; anderò dove trovo un padre di famiglia il quale me lo comporti per la sua carità». E Noemi rispose: «Figliuola mia, andate pure». Così se n'andò: e spigolava, tenendo dietro agli uomini mietitori.
Il campo dov'ella s'era abbattuta per primo, n'era appunto padrone Booz, il padre d'Elimelec. E in quella che la povera donna spigolava, ecco viene da Betlemme esso Booz, e entra nel podere, e dice a' mietitori: «Il Signore con voi». Risposero quegli: «Il Signore vi benedica». E disse Booz al capoccia: «Di chi è quella ragazza?». Quegli rispose: «Quest'è quella Moabitide che venne dal paese de' Moabiti in compagnia di Noemi. Pregò la lasciassimo spigolare: e da stamane ch'è qui, non si è riposata un istante». Allora Booz s'accostò a Rut intanto che gli uomini andavano innanzi segando, e le disse: «Sentite, figliuola mia: non andate ne' poderi degli altri a spigolare: state con le mie garzone; e, dove gli uomini segano, venite dietro. Ordinerò che nessuno vi dia noia. Anzi, quando avete sete, potete andare alle secchie come gli altri». Ella s'inchinò dinnanzi a Booz, mettendosi la mano al petto, e gli disse: «E che merito ho io, da trovare grazia, signore, negli occhi vostri, che degnate riguardare a me povera forestiera?». Egli rispose: «So tutto quel che faceste verso la vostra suocera dopo la morte di vostro marito; e che lasciaste i parenti e il luogo dove eravate nata e cresciuta, per venire in un popolo nuovo a voi. Iddio vi renda il bene che avete fatto, figliuola; e possiate riceverne pieno ricambio dal Signore Iddio d'Israello, al quale siete venuta, e ricovratavi nelle sue braccia». Rut allora, tutta confusa: «M'è ricambio assai, che ho trovata grazia negli occhi vostri, signor mio, che

m'avete consolata, e parlate parole di misericordia al cuore dell'ancella vostra, che non sono nemmeno com'una di queste vostre che qui vi servono».

Mentr'ella con gli occhi bassi profferiva a bassa voce queste parole, la guardò Booz e si commoveva. E dice a lei: «Quest'è l'ora del mangiare: venite, e mangiate con gli altri e intingete la vostra fetta di pane anche voi nell'aceto». Com'egli ordinò, Rut all'ora del mangiare si sedette co' suoi mietitori, ed ebbe la sua parte, e ne mangiò il suo bisogno, e se ne serbò per la sua buona suocera da portare la sera. I segatori, al vederle così fiorire i rossori sul viso, credevano che fosse dallo star china a raccattare le spighe al sole: ma gli era che la si peritava dinnanzi a loro. E pure le avevano rispetto come a padrona; pareva che ognuno badasse a non fare altro che gentile in presenza di lei, poveretta. Mangiato ch'ebbero, si rimisero all'opra. E Booz ordinò agli uomini: «Anco che la venga di pari a voi altro, lasciatele prendere quanto le pare; e lascierete apposta cadere delle spighe nel fare le manne perch'ella ne possa raccogliere; e badate di non le fare ripiglio né anco per mo' di celia».

Verso sera, la giovane donna era stanca della nuova fatica: e di tanto in tanto si sedeva a riprender fiato ma poi si rimetteva al lavoro, pensando alla consolazione che Noemi ne avrebbe. E nell'essere un istante seduta, sentendo su per le cime degli alberi il canto degli uccelli che si affrettavano canticchiando a dare l'addio alla luce languente e vedendo le rondini con acuto grido radere con l'ali le acque, e poi volare snelle nell'alto; e guardando il cielo tutto puro e disteso, si sentì una dolcezza nel cuore non mai sentita, e esclamò: «Benedetto il Dio d'Israello!». Quand'ebbe messo insieme il grano raccolto, lo batté col coreggiato; e erano tre moggia circa. Se lo mise in ispalla; e tornò lesta in città; e lo mostrò alla suocera sua; e le diede quel ch'aveva serbato del suo mangiare; gliene diede con tale un sorriso di gioia vereconda negli occhi, che nessuna parola può dire tanto. Noemi le domandò: «Dove avete voi spigolato quest'oggi, figliuola mia? Benedetto sia chi ebbe misericordia di voi». Rut le disse in che podere era stata, e disse il nome dell'uomo, che era Booz. E Noemi: «Benedetto sia dal Signore; che quell'affetto ch'egli dimostrava co' vivi, lo serba anco a' morti». E soggiunse: «Gli è nostro parente». E Rut: «Mi raccomandò che me ne stessi co' suoi mietitori tutto il tempo che dura il lavoro da lui». E la suocera: «Meglio, figliuola mia, che ve ne stiate con le ancelle di lui; che nel podere d'un altro potrebbero farvi, chi sa?, un qualche sgarbo».

E Rut stette sempre con le fanti di Booz quando la segatura durò; e fu sempre ben vista da tutti. E Booz conobbe viemeglio la bontà dell'anima di lei, che nella soavità del sentire era ferma di volere; e aveva umili i pensieri, ma i desideri generosi. Onde deliberò di prenderla in moglie: e la prese. E n'ebbe un figliuolo: e Noemi ne fu consolata: e le donne di Betlemme se ne rallegrarono seco, e dicevano: «Benedetto il Signore che v'ha dato qualcuno del sangue vostro, che consoli la vostra vita, e custodisca, Noemi, la vostra vecchiaia. Perchè questo bambino è nato dalla buona vostra nuora, che v'ama, e ch'è meglio a voi di sette figliuoli». E Noemi si portava in collo il bambino; e lo amava, quanto se fosse il figliuolo del povero figlio suo, morto in terra di Moab, nella patria della sua buona Rut. Gli misero nome Obed: e quest'Obed fu padre d'Isai; e Isai fu padre di Davide, il grande cantore delle lodi di Dio, quello i cui Salmi con mille voci sempre vive s'innalzano al cielo, e risuonano per tutta la terra.

CORONARE LA VITTORIA COL PERDONO

Era giudice del popolo d'Israello il vecchio Samuele, sotto il quale, ritornando Israello in servitù degli Dei forestieri, ne seguirono nuove calamità e avvilimenti. Ma Samuele li confortò che chiedessero perdono al Signore Dio loro; e diede speranza ch'e' vincerebbero i Filistei prepotenti. Rincuoràti, combatterono, e vinsero. E Samuele nel luogo della battaglia fece porre una pietra a memoria, e la chiamò: Pietra del soccorso, dicendo: «Qui ci ha soccorsi il Signore». D'allora in poi godette Israello libera pace; e Samuele era lor giudice a vita. E ogni anno andava da luogo a luogo, e sentiva le loro querele, e i dubbi e i desideri di ciascuno, e dava sentenze e consigli affettuosi. Così spediva senza lungherìe le faccende, e appagava co' modi amorevoli coloro che non potesse contentare altrimenti. E la povera gente non era per litigi condotta tutta in un luogo a perdere il tempo, a spendere danaro, a guastarsi il cervello e il cuore con la vista di cose nuove, più cattive che buone (perchè l'aria di città è aria malsana a chi è uso vedere sempre il sole all'aperto): non era, dicevo, condotta la povera gente a cader nelle mani di faccendieri imbroglioni; a essere soverchiata da chi aveva più soldi o più credito o più petulanza. Fatto il suo giro de' paesi ritornava Samuele in Ramata dov'era la sua famiglia, e dove chi fuor del solito tempo volesse, poteva ricorrere a lui.

Ma Samuele era invecchiato di molto; e pensò di porre in sua vece i figli suoi come giudici. Senonché, non sempre i figliuoli di padre buono son buoni: e questo permette Iddio, acciocché certe schiatte non inorgogliscano del bene, e certe altre non si abbandonino al male disperatamente; ma ciascun uomo che viene nel mondo, eserciti la propria libertà con merito di fatica. Dunque dico che i figliuoli di Samuele non somigliavano al padre; ma abbassarono l'anima al vizio dell'avarizia sporco e vile. E pigliavano danari e vendevano la giustizia che è cosa santa. Di che sdegnati e dolenti tutti i padri di famiglia, s'intesero tra loro, e vennero a Ramata, e dissero a Samuele: «Voi siete invecchiato, e i figliuoli vostri non battono la vostra strada. Dateci dunque un re, che ci giudichi; che l'abbiamo anche noi, come gli altri popoli l'hanno, un poco di re». A Samuele ne dolse; non già che volesse difendere come cosa santa le colpe dei proprii figli, ma prevedeva i malanni grandi che gl'Israeliti si pigliavano in collo. Potevano chiedere altri giudici invece di que' due, avari e mercanti della giustizia; ma subito la voglia di re! e per che cosa? Per essere come gli altri. Per vanità lo chiedevano; non per amore della giustizia schietto e severo. Gli pareva che un re fosse come uno spettacolo da stare più allegri, un balocco da farsene belli. Samuele pregò Dio, che gli desse consiglio in questo così duro passo, e Dio gl'ispirò di vincere sé stesso, e condiscendere alle voglie di quella gente. E dicendo quella gente, intendo i benestanti e i saputi, che menano gli altri troppo sovente a loro talento; perché, quanto alla povera plebe, la si sarebbe contentata d'un giudice tuttavia.

Ma prima non mancò Samuele che non annunziasse agl'Israeliti le nuove condizioni alle quali s'assoggettavano, e non dichiarasse loro quel che vuol dire un re, o, per dir meglio, quel che sarebbe voluto dire in Israello a que' tempi. Adunò Samuele dunque i principali del popolo e disse: «Il re che volete, ecco i diritti che s'arrogherà sopra voi. Vi prenderà i figli vostri per farli suoi cocchieri e cavallerizzi e staffieri. E avrà sotto di sé magistrati eletti non da voi ma da esso. E avrà poderi di suo, e gente che faticherà per lui come servi mercenarii: e avrà i suoi armaiuoli e operai. E delle vostre figliuole giovanette farà tante ministre de' suoi comodi e lussi vani. Vi piglierà i vostri prati e le vostre vigne; il meglio vi piglierà, da donare ai suoi servitori. Sulle vostre messi e sulla vendemmia vorrà la decima per fare larghezza con la gente oziosa e turpe che farà le sue voglie. Vi porterà via i servi vostri e le vostre bestie, per servirsene lui. Vorrà la decima sulle gregge. E sarete suoi servi. E allora chiederete soccorso a Dio dal flagello di cotesto re che volete. Iddio non v'ascolterà allora, perché siete voi che l'avrete voluto il re».

Ma i maggiori del popolo non diedero retta a Samuele; o pensassero ch'egli parlava così per dispetto, o volessero variare per capriccio, o cedessero alle istigazioni maligne delle genti vicine e delle spie di costoro o sperassero dal re que' più benestanti avere vantaggio di ricchezza e d'autorità. Perchè molti fecero e fanno così: vendono i proprii diritti, e gli altrui, per un miserabile prezzo; e sovente non godono neppure quello. Dunque risposero a Samuele: «Non signore; ma noi vogliamo un re bell'e buono, che ci comandi sul serio; e così faremo anche noi tra gli altri popoli la nostra figura; saremo anche noi come gli altri. E il nostro re sarà giudice nostro; e ci condurrà alla battaglia, e farà per conto nostro la guerra». Badate bene a quest'ultima parola: farà per noi guerra. Erano stufi di vegliare alle proprie faccende da sè, di difendersi e di governarsi col proprio valore e senno.

Scaricano sopra un re i loro diritti, perchè il peso dei doveri non vogliono più sostenere: cercano chi li difenda dai pericoli di fuori, e intanto si creano un pericolo più grave dentro. Quando intese così, Samuele, consigliatosi con Dio, disse: «Ritorni ciascuno a casa sua: il re l'avrete».

C'era un uomo della tribù di Beniamino, il qual uomo si chiamava Cis, robusto di corpo: che aveva un figliuolo di nome Saul, buon ragazzo, e della persona il più grande fra tutti i figli d'Israello; che dalla spalla in su li passava di quanto è la testa. Or avvenne che Cis, il padre di Saul, aveva smarrite le sue ciuche ne' campi; e disse al figliuolo: «Prendi teco un degli uomini, e va e cercale». Andarono per la montagna d'Efraimo, e per il paese di Salisa; e non le ritrovavano. Passano più là ancora; e nulla. Onde Saul dice al servo: «Oh torniamocene che mio padre non abbia a stare in pensiero». Il servo dice: «C'è nella città qui vicino un uomo di Dio, e in gran concetto: andiamo a lui; se mai ci sapesse additare quel che si cerca». Dice Saul: «Andiamoci pure». (In Israello questi uomini di Dio che indicavano le cose occulte o avvenire, eran detti Veggenti). Andarono verso la città ch'era in cima d'un colle; e nel salire l'erta, incontrarono giovanette che uscivano per acqua, e domandano: «C'è egli il Veggente?». E le ragazze risposero: «C'è. Gli è lì innanzi, che va per offrir a Dio il sacrifizio col popolo. Salite e ce lo trovate». Quando furono alla porta, ecco Samuele muoveva loro incontro, fatto avvertito da Dio del venire di Saul, e che l'aveva a ungere in re. Proprio sulla porta di città si presenta Saul a Samuele e domanda: «La casa del Veggente, di grazia?». E Samuele: «Son io. Vieni meco al sacrificio; e mangerete in mia compagnia; e domani ve ne anderete; e ti dirò quel che cerchi. Le ciuche smarrite l'altr'ieri, non te ne dare briga, son bell'e trovate. E di chi ha egli a essere se non di te e della casa del padre tuo il meglio che c'è in Israello?». Rispose Saul: «Non sono io forse della minima fra le tribù d'Israello? E non è forse la mia schiatta l'ultima tra le famiglie di Beniamino? Perchè dunque parlate, o signore, a me così?». Samuele non rispose, ma con atto amorevole accennò che venissero.

Quando fu l'ora del mangiare, il vecchio Samuele entrò nella stanza con Saul e col servo, e li mise in capo di tavola, con stupore de' convitati, ch'erano circa trenta. Vedete che il servo del re novello gli è messo accanto, acciocchè Saul e tutti conoscano che l'onore è sovente dono gratuito della Provvidenza di Dio; e acciocchè Saul, fatto re, abbattendosi in quel povero garzone col quale egli aveva girato la montagna cercando le ciuche, apprendesse umiltà in quella vista. Samuele fece mettere innanzi a Saul (gliene aveva serbata) la spalla dell'agnello offerto al Signore co' soliti riti. E la mattina dopo sull'alba lo chiamò: «Lèvati; che tu faccia un tratto della via meco». Il giovane si levò, e s'accompagnò a Samuele. E quando furono sul finir della china, all'ultime case di fuori della città, Samuele disse a Saul: «Di' al garzone che vada un po' innanzi a noi. Tu fermati a sentire ciò che Dio vuole ch'io dica a te». Samuele allora versò sul capo di Saul olio benedetto; e lo baciò in fronte, e gli disse: «Ecco che il Signore ti crea in re del suo popolo; e lo libererai dalle mani de' nemici che intorno gli stanno. E per segno di quanto io ti dico, partito che tu sarai da me, incontrerai due uomini presso il sepolcro di Rachele ai confini della tribù di Beniamino, e i due uomini ti diranno: le bestie ch'eri andato per esse, son trove; e tuo padre sta in gran pena per te, e dice: che ho a fare, e dove cercare del mio figliuolo? E, passato oltre, quando sarai alla querce di Rabor troverai lì tre uomini che vanno in Betel a orare, e l'uno avrà tre capretti, e l'altro tre stracciate di pane, e l'altro un fiasco di vino; e ti saluteranno primi, poi ti daranno due pani, e tu accetterai. Verrai poscia al colle, laddove i Filistei nemici tengono loro soldati a guardia; e appena in città, ti verrà incontro una schiera d'uomini ispirati di spirito divino, cantando le lodi di Dio con arpa e timpani e cetere e flauti. E lo spirito del Signore anco a te spirerà, e canterai con esso loro, e sarai mutato in altr'uomo da quel di prima. Provate che avrai queste cose, discendi in Galgala innanzi a me per offrire a Dio ostie di pace; e lì aspetterai sette giorni ch'io venga, e ti mostri il da farsi». Così Saul, cercando le ciuche, diventa re.

Nell'atto che Saul prendeva comiato da Samuele, nel punto ch'e' si volgeva per andarsene, sentì nel cuore e nel sangue non so che tumulto e mutarglisi dentro i pensieri; e levò gli occhi in alto; e agli uomini, passanti dinnanzi alla sua persona, guardava con altr'occhio di prima. E' pareva com'uomo che, col viso sempre volto a un ignudo masso, si rivolga a un tratto, e contempli distendergli innanzi grande campagna fiorente di verdura e di luce, con acque correnti nel mezzo, e nel fondo collina vestita insino alle cime.

Di lì a poco, adunò Samuele il popolo in Masfa; e mise le sorti, su qual tribù cadesse la sorte del regno. E uscì quella di Beniamino. E mise le sorti sopra quale famiglia di Beniamino, e uscì quella di Cis. E mise le sorti su quale de' figliuoli di Cis; e uscì il nome di Saul. E fu riconosciuto a re Saul figliuolo di Cis; e le tribù, come a capo, gli fecero presente di doni. Ma v'eran taluni che sdegnarono riconoscerlo e dicevano: «Che? Possibile mai che costui ci abbia a fare salvi?». Egli tornato a casa sua in Gabaa faceva le viste di non sapere di tali dispetti.

Un mese era corso; e Naas ammonita venne a muovere assalto agli abitanti di Jabes nel paese di Gàlaad. I cittadini di Jabes tutti dissero a Naas: «Abbici per tuoi collegati, noi saremo tuoi sudditi» (perchè, già, molte alleanze dei deboli coi forti non sono che sudditanze servili). Rispose Naas ammonita: «Quest'è il patto di colleganza ch'io posso fare con voi costì; cavare a ciascun di voi l'occhio diritto, e lasciarvi vitupero di tutto Israello». Gli anziani del paese di Jabes sbigottiti gli dissero: «Concedi a noi sette giorni di tempo che possiamo per tutti i confini inviare messaggi a tutte le tribù d'Israello. E se non troviamo chi ci difenda, saremo di te». Potete pensare con che ansietà spedirono questi infelici i messaggi, supplicando che presto venissero con risposta di vita o di morte. Potete pensare il pianto delle madri; lo spavento de' timidi, l'ira impotente de' pochi animosi. Vennero i messaggi di Jabes in Gabaa dov'era Saul; e nella presenza del popolo dissero l'atroce novella. E si commosse tutto il popolo, e pianse. Ed ecco Saul ritornava dal campo a lento passo dietro a' suoi buoi; e sentendo quel duolo: «Che ha, disse, il popolo, che piangono così?». Sapute le parole di quelli di Jabes, egli subitamente s'accese di pietoso sdegno e magnanimo, messogli in cuore da Dio; e prese i due buoi, e li ammazzò e fece in pezzi, e ne mandò un pezzo a ciascuna delle tribù d'Israello, dicendo: «Chi non viene, e che non seguiti Saul e Samuele, così sarà fatto de' bovi di lui». Parte timore dell'insolito risoluto comando, e parte pietà, e parte l'onore della patria, e la brama di allontanare ciascuno da sè simile onta, mosse il popolo; e tutti accorsero umanamente. E dissero ai messaggi: «Andate, e agli uomini di Jabes direte così: domani quando il sole cominci a riscaldare la terra, la salvezza verrà». Corsero i messaggi, e con cenni da lontano indicavano lieta novella. Come la intesero, gli uomini di Jabes furono consolati. E mandarono dicendo a Naas ammonita: «Domani saremo a voi».

Il dì dopo intanto che Naas co' suoi già gustava in fantasia la gioia feroce dell'altrui onta, Saul, fatte tre schiere, s'avventò sopra loro, e li battè dal primo mattino a sole ben alto. E fece d'uccisi un gran monte; gli altri sperperati, che non ne rimasero insieme due. Vennero que' di Jabes a rincontro, ringraziando e Saul e ciascuno de' figli d'Israello, più il Signore che li aveva ispirati di sì pio coraggio. E il popolo d'Israello, nell'ebrezza della vittoria, attribuendone tutto il merito al re novello, e diceva a Samuele: «Chi «son que' felloni che dicevano: Saul non regnerà sopra noi? Dateceli qua, chè li vogliamo ammazzare». Ma Saul, più savio di loro, e non ancora accecato da' fumi dell'orgoglio: «No, disse, non s'ha a uccidere persona in questo dì che il Signore ha operato salute e gloria in Israello».

Vincere la vanità era più bello che vincere le armi nemiche.

Gli abitanti di Jabes serbarono gratitudine a Saul di quel giorno tremendo: e quando venne sopra il misero re la sventura, quand'egli sul campo di Gelboe cadde morto co' figli, quando i Filistei gli troncarono il capo e spogliarono dell'armi il cadavere, e l'armatura e il teschio portarono (crudele memoria) ne' loro templi; allora gli uomini di Jabes raccolsero i corpi di Saul infelice e de' figli, e li seppellirono in Jabes appiè d'una querce, e per dolore digiunarono sette dì. Preziosa riconoscenza, più preziosa che oro e gemme e statue e monumenti, rizzati a pompa di dolore mentito.

Morì, come poscia vedremo, Saul oppresso dalle maledizioni che gli aveva provocate il regio suo orgoglio dissennato; e molte volte s'ebbero i figli d'Israello a pentire d'averlo voluto a re. Ma che cosa fu ad essi cagione o pretesto a volere una testa di re? L'avarizia de' figli indegni del buon Samuele.

RENDICONTO ESEMPLARE

Convocò Samuele il popolo d'Israello, e gli disse: «Ecco ho fatto secondo la vostra volontà: il re lo avete. Io son già vecchio; e dalla prima giovanezza son sempre vissuto in mezzo a voi, infino a questo dì della mia canizie, che vi parlo. Eccomi pronto a rendervi ragione d'ogni atto della mia vita; eccomi solo dinnanzi a voi. Giudicatemi, dite dinnanzi al Signore e a questo re, dite, o popolo d'Israello, s'io ad alcuno di voi tolsi per forza o per frode cosa veruna; se d'alcuno offesi l'onore; se accettai presente veruno; e quanto mi si dirà che avrò preso contro giustizia, sarà mio debito restituire».

A terribile esame chiamava il vecchio Samuele la propria vita, schierando dinnanzi a un popolo intero gli anni suoi, come persone accusate dinnanzi a una turba di giudici. E' li interroga a fronte alta, giudice egli di loro. E per fare alla loro coscienza questa illustre disfida, aspetta di non esser più reggitore loro, nè nulla; aspetta che da un altro uomo abbiano che sperare e che temere oramai. Certo che de' malcontenti ne avrà fatti anch'egli in tanti anni; e taluni almeno di coloro che vollero un re, avrebbero goduto a poterlo trovare in colpa, e screditare il nome di lui. E però, ben fece a chiamarli, che l'accusino pubblicamente; che ardiscano mostrare la faccia. Se tutti i governanti aprissero simile lizza, farebbero cosa e buona e onorata, e sovente profittevole a sè. Bisogna fare il letto alle acque correnti, che scendano: se no, straripperanno torrente, o stagneranno palude; porteranno rovina e marciume.

All'interrogazione del vecchio, commossi di riverenza e di gratitudine risposero gli uomini d'Israello: «No, voi non offendeste il nome d'alcuno di noi, nè soverchiaste, nè togliaste del nostro cosa veruna». Samuele, volgendosi a Saul, e poi girando lo sguardo, modesto ma fermo, per la folla ondeggiante come placido mare che cede a un dolce venticello da sera, soggiunse: «Dunque m'è testimone Iddio, e testimone il re vostro, che

117

nessuna cosa è nelle mie mani, nè de' vostri averi nè de' diritti vostri». E tutti dissero: «Iddio è testimone». E il vecchio allora: «Quel Dio che vi fece liberi dall'Egitto, creò i liberatori, e li mosse. E perchè i padri vostri lo dimenticarono, furono dati alle mani di straniero nemico. Si ripentirono, e di bel nuovo il Signore li fece liberi. Ora, se servirete a Dio con amore, voi e il re vostro, sarete, egli e voi, benedetti: se no temete. L'avete fatto voi questo, del chiedere un re: ma se a Dio primieramente ubbidite, e non correte dietro alla vanità della grandezza bugiarda, le quali non vi gioveranno punto, perchè sono vanità, Iddio Signore manterrà le promesse che ha fatte. Quanto a me, non resterò mai di pregare per voi che se non lo facessi, sarebbe colpa. A Dio voi dunque ubbidite di cuore. Se no, e voi e il vostro re perirete dispregiati».

IL SERVITORE AFFETTUOSO

Era già incominciata la superbia regia di Saul; e, subito dopo la superbia, com'onde di torrente che premono le prim'onde, vennero disgrazie nel popolo d'Israello. S'erano i Filistei raccolti a combatterlo; trentamila cocchi, sei mila cavalli, e fanti che non se ne sapeva il numero; accampati in un luogo, di vocabolo Macma. Il popolo d'Israello, spauriti, si nascosero per le caverne de' monti, e per le spelonche selvose, e tra le rocce deserte, e nelle vuote cisterne sotterra; altri passarono il Giordano a cercare scampo di là. Quelli che rimanevano a Saul e a Gionata figlio suo, soli secento, di tremila che erano sulle prime; e sgomenti se ne stavano in Ghibea, del paese di Beniamino. I Filistei scendevano da Macma in tre schiere, da diverse bande, a saccheggiare il paese. E avevano que' stranieri ne' precedenti anni condotto Israello a tale estremità, che in tutto quel popolo non si trovava un armaiuolo nè un fabbro ferraio da poter fare spada o lancia; e, per arrotare il vomero o il pennato o il forcone o la marra, bisognava ricorrere agli stranieri. Onde il taglio dei vomeri e delle mannaie e delle marre in Israello, dopo la guerra rotta, non era più buono; e non si trovava per il dì della battaglia nè spade nè lance. A tale era divenuto il popolo sotto il nuovo governo.

In questo estremo di cose, Gionata figliuolo di Saul dice un giorno al suo scudiero: «Vieni, che passiamo a vedere il nemico dappresso». E quel che intendeva fare, non disse nemmeno al padre, che se ne stava sul confine di Gabaa, sotto il melogranato di Migron; e i suoi secento aveva seco. La via di Gionata per giungere al posto nemico, era di massi sporgenti dai due lati, a guisa di denti; e le rocce dall'un lato si chiamavano Bose, dall'altro Sene; una delle punte sporgeva verso tramontana di contro a Macma, l'altra verso mezzodì contro Ghibea. Disse Gionata al giovane scudiero: «Vieni, vediamo d'inoltrarci presso al luogo da' nemici tenuto, se Dio Signore ci guidi: chè non è difficile a Dio salvare o con molte forze o con poche». Il suo fedele scudiero non lo sconsigliò per falsa prudenza nè per propria paura ma, facendo del volere di lui e del proprio un solo volere, gli disse: «Fate, signore, quello che il cuore vi dice: andate dove a voi piaccia; io sarò con voi dovunque vogliate». Con molte parole gli apre il giovane fido la brama di tenergli compagnia, perchè desidera che il suo cuore non sia malnoto al suo signore; e sa che certi padroni si servono assai volte del povero in cose gelose, ma pur tuttavia diffidandone e disprezzandolo; e poi se ne scordano, se pur non fanno di peggio. Ma Gionata conosceva lui: onde, senza pur incuorarlo al pericolo, disse: «Affacciamoci, che ci veggano. E se, al vederci, dicono: - Statevene, che venghiamo noi, - non ci muoveremo: ma se diranno: - Venite, - e noi andrem oltre: e questo sarà segno ad accorgerci che Dio li ha dati nelle mani nostre».

Scesero dunque dallo scoglio di Bose; e giunti sotto quelle di Sene, le guardie filistee li adocchiarono dalla vedetta. E dissero tra sè: «Ecco gli Ebrei che sbucano fuori delle caverne ove stavano rimpiattati». Poi dall'altura dissero a Gionata e allo scudiero, come per ischerno: «Salite: e qualcosa vi mostreremo». Disse Gionata allo scudiero: «Vienmi dietro, salghiamo; chè Dio li ha dati in mano a Israello». Di sè non parla il figliuolo del re; non arroga a sè la grazia della vittoria, ma la distende al popolo tutto quanto; e ben sa che in grazia del popolo, non di suo padre, Iddio gliene dona. Mette sè a pari col suo scudiero fa bene; giacchè lo scudiero ci metteva la vita, senza sperarne nè gloria nè lucri. Il mestiere de' servitori, è quasi sempre patire senza mercede di gratitudine senza onoranza di lodi nè di compianto morire.

Si mise Gionata col compagno per l'erta via aspra, a arrampicarsi con le mani e co' piedi; tentando prima ogni masso se regga. E sotto le mani e sotto i piedi gli rotolavano i sassi, rimbalzando, e scheggiandosi. Montava ansante, e additava allo scudiero il passo più sicuro, egli primo al pericolo. Quando li videro i Filistei a scendere per quelle balze, duro varco alla capra e al camoscio, stupirono e si pensarono che tanto non avrebbero osato pochi guerrieri. E il suono delle pietre rotolanti, e il suono delle voci de' due ripercosse dagli echi del monte e il suono dell'armi o scosse nè salti o striscianti sul sasso, e il luccicar degli elmetti al sole ardente, e lo sparire de' due salenti fra le punte e i radi cespugli, e il riapparire sempre più presso alla cima, sembrò alle guardie filistee come un sogno pauroso. E stavano lì fermi senza sapere nè lanciar giavellotto nè scoccare saetta.

Gionata s'aggrappava all'ultimo masso: e' non ancora ben fermo su quello, più coll'urto che col taglio della spada fa precipitare giù il Filisteo, troppo tardo oramai alla fuga. Gli altri fuggenti, egl'insegue con le grida e col ferro; e lo scudiere, dietrogli, atterra i lasciati da lui. Venti uomini quasi cascano morti nella metà dello spazio che un par di buoi in una giornata arerebbe. Il maraviglioso terrore portato dalla voce de' due valorosi si diffonde nel campo come fiamma portata da' venti. Sin que' Filistei che in ischiera erano usciti alla preda, se ne risentirono; come il calore dell'incendio si distende più là che non giunga la vampa.

Le vedette di re Saul da Ghibea adocchiano la moltitudine caduta per il monte e per la campagna, o dispersa, come foglie, parte giacenti, e parte levate dal turbine. E Saul dice a' suoi: «Cercate e vedete chi di noi manchi». Cercarono; e vedono che Gionata collo scudiero suo fido era via. Intanto che Saul interroga il sacerdote Achia del volere divino, ecco cresce il rumore, e si fa sempre più chiaro; rumore come di fuga confusa, non di fervente battaglia. Sentì re Saul quasi l'odore della vittoria, e diede il grido della mossa; e i petti di tutti i secento che eran seco, echeggiarono al grido. Corsero al luogo della mischia, ed ecco vedono che, forsennati di terrore, i Filistei avevano rivolte l'un contro l'altro le spade e vedono strage grande.

Que' perfidi e codardi tra gl'Israeliti, che, quasi terra sgretolata dall'acqua corrente, s'erano mano mano aggiunti al nemico per timore di morte e per brama di preda, ecco adesso lo abbandonano, e ritornano a quelli ch'erano con Saul e con Gionata: antico mestiere de' vili, che serbano il coraggio come moneta da spendere con usura dannosa al fratello che ha di bisogno. E tutti quegli Israeliti che s'erano rimpiattati nella montagna d'Efraimo e altrove, tesero trepidando l'orecchio al rumore dell'armi; poi, rassicurati, porsero il capo fuor delle grotte e delle cisterne, e uscirono; e, sicuri ormai della compiuta vittoria, gridarono sè apparecchiati a battaglia. Così si trovò, da secento, cresciuto l'esercito a diecimila.

Re Saul, da allora, ebbe sui nemici sbigottiti vittorie parecchie: ma il primo esempio che, a guisa d'unico lume dal quale s'accendano migliaia di lumi, diffuse in tanti petti il coraggio, fu l'ardimento di Gionata e dell'affettuoso scudiero, e la fede ch'egli ebbero in Dio; al quale è podestà di collocare la nostra salvezza nel servigio e di pochi e di molti. E Dio volle insieme insegnarci che il disprezzo dei nemici, per dappoco che paiano, e la fidanza vana nelle vittorie passate (peggio poi nelle future e non nostre), è sempre punita severamente.

CHI FIDA IN DIO, E CHI FIDA IN SE STESSO

Cominciò, Saul troppo presto a montare in orgoglio, e a guardare d'alto in basso il popolo dal cui seno era sorto; come cavaliero che in mezzo a una folla di pedoni sprona il destriero, e mena a tondo lo scudiscio, e s'adira degli intoppi, e si tiene dappiù, perch'egli ha una bestia sotto, che lo fa più in alto di tutti. Ma vennero ben presto a trovarlo le disgrazie, e mostrare al superbo re, quanto poca cosa egli fosse.

I Filistei s'accolsero a guerra; e posero il campo tra Socot e Azeca nella tribù di Giuda, sui confini di Dòmmin. Saul co' figliuoli d'Israello vennero nella valle detta del Terebinto, e si accamparono sul monte di faccia. Sull'un colle erano i Filistei, Israello sull'altro, la valle tra mezzo. Quand'ecco uscire dal capo de' Filistei un guerriero per nome Golia, del paese di Get; uomo che era alto sei braccia e un palmo, e aveva in capo una grande celata di rame, e vestiva una corazza a scaglie, pesante molto; e aveva gambiere di rame, e di rame lo scudo rovesciato sulla spalla, e grande lancia il cui ferro era di lunghezza strana. Gli andava innanzi lo scudiere, pieno di baldanza quasi più del signore. E, venuto nel mezzo della valle, dov'era più sgombro d'alberi, stava il gigante pavoneggiandosi; e gridava verso l'esercito d'Israello: «Perchè dunque siete venuti a far le viste di attaccare battaglia? Non sono io forse un Filisteo, e non siete voi altri i servi di Saul? Scegliete un de' vostri che venga a provarsi qui meco. S'egli mi vince, noi saremo servi vostri; ma s'io l'ammazzo, sarete voi i servi nostri, e ci servirete». E stava aspettando risposta con alta fronte. Ma tutti d'Israello tacevano per paura. Re Saul, perduto l'ardimento delle prime vittorie, giaceva accasciato come da una malattia di sgomento; non conosceva sè stesso, non sapeva nemmeno sentire vergogna. Gli altri, guardando a lui, prendevano quasi coraggio a non avere coraggio. «E chi (pensavano) può venire al paragone con forza d'uomo così smisurata?». E non innalzavano a Dio la mente. I migliori pregavano senza speranza; pregavano di poter scampare al pericolo, non di salvare da vergogna Israello. Il Filisteo se ne ritornava col suo servitore; e diceva ai Filistei boriosamente: «Io li ho chiamati fuora; ho gridato a tutti e a ciascuno di quella turba de' servi di Saul, che scelgano un uomo il quale venga a battere due colpi meco. E' fanno il sordo all'affronto». Nota come Golia chiama il popolo d'Israello servi di Saul; la quale parola non si sapeva che cosa volesse dire al tempo che gl'Israeliti si reggevano a giudici.

Dunque Saul e tutto il popolo stavano istupiditi dalla paura. C'era in Betlemme, luogo della tribù di Giuda, un vecchio d'anni molti, che aveva nome Isai, figliuolo di Obed, il quale Obed era figliuolo di quella buona Rut che s'è detto, nuora della buona Noemi. Questo Isai aveva otto figliuoli; e i tre più grandi, Eliab il maggiore, Abinadab il secondo, il terzo Samma, erano con Saul a campo alla valle del Terebinto. Davide era il più giovanetto. Quando andarono via, venne Davide di campagna ove stava a badare alle pecore di suo padre e li abbracciò e baciò, forse voglioso in cuore d'accompagnarli e se ne tornò alla sua gregge. Intanto Golia filisteo tutti i giorni faceva questa sortita e questa smargiassata e i suoi pigliavano sempre più ardire, e que' d'Israello sempre più rannicchiavano nella paura, come animale nel covo. Dopo alquanti dì, disse il vecchio Isai a Davide suo figliuolo: «Prendi, Davide, dieci di cotesti pani, e va presto al campo, e portali a' tuoi fratelli; e prendi queste dieci forme di cacio, e le porterai al capitano della loro compagnia: e vedrai come stanno i tuoi fratelli; e sentirai con chi e' sono di compagnia; e mi saprai dire ogni cosa». Era intanto seguita tra Israeliti e Filistei qualche scaramuccia di poco. Davide si levò di buon mattino, e raccomandò la piccola greggia a un guardiano, e se n'andò con la roba, secondo il cenno d'Isai.

E venne al luogo degli accampamenti; e trovò che gli armati d'Israello erano usciti dallo steccato; e che i Filistei dall'altra parte della valle e si allestivano anch'essi. Lasciò Davide in fretta tra le bagaglie le robe portate; e corre al luogo del combattimento; e a' soldati che incontrava, domanda novelle de' suoi fratelli. Ed ecco, in quel ch'e' parlava, avanzarsi nel mezzo delle due schiere Golia; e Davide intese le solite bravate che costui veniva facendo. Tutti que' d'Israello al vedere la mole di quel guerriero, fuggono impauriti. Quando furono in salvo, un tale, mandato forse da re Saul per infondere con le promesse coraggio in alcuno, cominciò a dire: «Cotest'uomo che viene a sfidare con raffacci Israello, sapete voi quel che farebbe il re nostro a chi lo ammazzasse costui? Lo arricchirà di ricchezza grande, e gli darà la sua figliuola sposa; e la famiglia del padre d'esso vincitore rimarrà in Israello libera da tributo». A questo bando, saranno a taluno del popolo ritornate in mente le parole del vecchio Samuele, che, quand'essi schiamazzavano per la voglia d'un re, diceva: «Ve lo caverete cotesto gusto, e l'avrete». A sua Maestà pare un gran che promettere a chi lo liberi dal gigante, esenzione dalle regie gabelle. E questo viene, s'intende, dopo la promessa della figliuola propria. Tanto pareva il re contare più le gabelle che il sangue proprio; e tanto dovevano al popolo già pesare i tributi, se questo premio viene per ultimo, quasi corona. Davide a coloro che erano più presso domandò che esponessero più chiaro la cosa. E molti gliene ripetevano perchè il pur pensare che taluno potesse camparli da quello spavento, era ad essi sollievo. A Davide non importava tanto sapere del premio; ma dalla grandezza del premio promesso riconosceva la gran paura del re, e la stringente necessità della cosa. E a lui, buono e semplice, quella promessa che più lusingava il pensiero, era di poter liberare il vecchio padre e i fratelli suoi dal tributo. Onde diceva, come parlando con le proprie speranze, ispirarsi: «Ah, questo sarà dato a chi metterà a giacere quello straniero superbo, e toglierà tale vergogna dal popolo d'Israello! E chi è questo forestiero impuro, che strapazza l'esercito del Dio vivente?». Intese questi discorsi Eliab il maggior fratello di Davide, e si sdegnò contro il giovanetto, e disse: «Oh perchè se' tu venuto qua, e hai lasciato quelle poche di pecore, che si smarriscano per le balze? Io ti conosco, sai? So il tuo orgoglietto segreto, bacchillone che sei! Gli è venuto a vedere come si fa a combattere, gli è venuto!» Davide rispose: «Che c'è egli di male? Non si può dire una parola?». E sgusciò tra la folla. E domandava a un altro la medesima cosa, e gli rispondevano il simile. Di bocca in bocca le parole di Davide vennero infino a Saul. A cose allegre, non si sarebbe badato punto al linguaggio d'un pastorello; ma la necessità è gran maestra di stare attenti, e di riguardare con rispetto anche la povera gente. La necessità è come la notte profonda, quando si sente ogni mormorio, ogni bisbiglio lontano, che il giorno si perde nel gran vortice de' rumori i quali s'avvolgono per l'aria e da opposti lati la fanno ondeggiare.

Re Saul volle tosto vedere questo pastore il quale mostrava d'avere più coraggio in corpo che tutti i suoi capitani. Davide venne, e disse franco al re: «Non si perda nessuno d'animo per cotesto. Andrò io, e combatterò il Filisteo». Vedete gentile parola del semplice giovanetto. Non dice al re: Non ti perdere d'animo; non vuole aggiungere alla vergogna di lui altri pungoli dolorosi. Non si perda nessuno d'animo, David dice. Re Saul, nè gli adulatori di lui, non avrebbero trovate di queste delicatezze; perchè la gentilezza vera non viene dall'altezza del grado, ma da affetto di cuore. Re Saul, parte mosso a compassione di quel giovanetto, che era biondo e d'aspetto avvenente, parte per meglio provare l'animo di lui, dice a Davide: «Tu non ce ne puoi, giovanetto, con quel guerriero. Tu se' quasi fanciullo; e egli è uomo da primi anni cresciuto nell'armi». Allora disse Davide a Saul: «Il servo vostro che qui vedete, signore, badava alla piccola greggia di suo padre (piccola perchè noi siamo poveretti): e talvolta veniva dalla foresta un orso o un leone, e prendeva un montone di mezzo al gregge, e lo strascinava. Allora io correvo dietro alla fiera, e gliene davo con la mia mazza, e glielo strappavo di bocca. Allora la fiera s'avventava su me e io mi cacciavo tra le zampe, e l'afferravo per il collo, e stringevo stretto tanto che non scappasse dalle canne aperto il respiro, e la strangolavo. Il servo vostro ha strangolato e spaccato le mascelle all'orso e al leone: ora Dio farà che noi siamo liberati da questo straniero. Chi è egli questo straniero che ardisce scagliare improperii contro l'armi del Dio vivente?». Due cose dolgono al giovanetto: la vergogna del popolo suo, e il dispregio del nome divino. Però soggiungeva: «Il Signore che mi sottrasse alle zanne dell'orso e alle zanne del leone, egli mi libererà dalla mano di quello straniero».

Al sentire come Davide sperasse fermamente nell'aiuto di Dio, re Saul anch'egli sperò, e disse a lui: «Va, che il Signore sia teco». E re Saul vestì Davide di ricca armatura, lo coprì di corazza, e gli allacciò l'elmo grave, e gli mise la spada al fianco. Davide, così vestito, fece l'atto di camminare, se potesse con quel peso. Poi disse a Saul «Così non mi posso io. Non sono uso a quest'armi». E se le spogliò: prese la sua mazza, che sempre portava per la campagna pascendo; e scelse dal torrente cinque pietre ben lisce e bene arrotate dal corso dell'acque, e le mise entro la sua zana da pastore; e prese in mano la fionda. Re Saul, in vederlo disposto a così affrontare il nemico, sperò più che mai perchè pensò a Dio più che mai. Que' dell'esercito, chi benedicevano al giovanetto, ringraziandolo in cuore ch'abbia pure sperato levarli da quella vergogna; chi lo incuoravano con parole, e i più lontani con cenni; chi stavano a guardare, crollando il capo, e a costoro pareva che il pur tentare l'impresa fosse un oltraggio fatto al loro senno e un rimprovero alla loro pusillanimità; chi tacevano istupiditi, non sapendo che si credere.

Uscì Davide dallo steccato con in mano la fionda. Pensa quel che avranno i suoi tre fratelli provato al vedere lui gracile giovanetto inesperto, e il Filisteo che gigante gli veniva incontro. Pareva Golia come un masso altissimo che pende sopra la casuccia d'un povero pescatore. Quando il gigante vide Davide venire armato a quel modo, sogghignò con disdegno: «Oh che? son io un cane, gli disse, che tu col bastone mi venga incontro?». E Golia bestemmiava, e fra le maledizioni diceva: «Vieni, vieni, e darò le tue carni agli uccelli dell'aria e alle bestie della terra». Davide a lui: «Tu vieni a me con ispada e lancia e scudo; io vengo a te nel nome del Dio degli eserciti, del Dio di questo popolo che tu hai disfidato insultando. Iddio ti farà oggi cadere per la mia mano: e t'abbatterò, e reciderò cotesta tua testa, e darò i cadaveri de' molti tuoi, costì armati, ai volanti dell'aria e alle bestie della terra; acciocchè tutti sappiano che Dio difende Israello; e tutta questa moltitudine dell'uno e dell'altro campo sia qui raccolta a vedere che non solo per forza di spada o di lancia Iddio fa salvi chi e come vuol Egli. Egli è il giudice della guerra; e darà voi costì in mano nostra». Non potendo più a lungo soffrire, Golia veniva senz'essersi coperto il gran capo dell'elmo, veniva contro Davide; e pareva poter con un piede schiacciarlo; ma Davide lesto prese dalla zana una pietra, la posò sulla fionda, girò la fionda, e colse il gigante nel mezzo dell' ampia fronte. Gli si conficcò nella dura fronte il sasso, come se caduto nel fango; e il gigante stramazza bocconi per terra. Davide corse su lui che era sopraffatto e dallo stordimento e dal colpo; e, piantatogli l'un piede sulla schiena, non avend'egli la spada, afferrò la grave spada del caduto, e la sguainò, e con la mano vincitrice de' leoni sollevata un poco da terra la testa pallida, gliela troncò.

A quella vista, scoppiano da' due campi due contrari suoni di grida, qui di maraviglia esultante, là d'attonito spavento; e Israello si slancian tutti e brandiscono le armi, e i Filistei tutti fuggono via senza mente. Così, quando sulla faccia del mare si leva subito il vento, le onde tutte commosse si volgono l'una sull'altra, e si sospingono, e vanno con suono furioso a frangersi negli scogli. Gli armati d'Israello li inseguono gridando, e spargono, de' cadaveri di que' superbi, dianzi trionfanti, la via di Sarian e tutto lo spazio fino a Get, e giù fino ad Accaron. E ritornati di là, come torrente sui seminati, si gettano sulle tende rizzate nel poggio, e fanno ampia preda.

Re Saul, mentre Davide moveva incontro al gigante, disse rivolto a Abner ch'era il maggior capitano dell'esercito d'Israello: «Abner, sai tu di che schiatta sia cotesto ragazzo?» Gli aveva parlato a lungo re Saul; ma, parte per lo sgomento dell'animo, parte per la vergogna del dover invocare il braccio d'un giovane poveretto, parte per la noncuranza malcreata che i grandi della terra hanno e che affettano di dimostrare verso la povera gente, non aveva il re domandato a Davide di che sangue egli fosse. Ed era di schiatta più nobile che quella del re; questi da Beniamino, il pastorello da Giuda, al quale aveva così grandi cose vaticinate il patriarca Giacobbe morendo. Abner a quella domanda con simile noncuranza rispose: «Così la vostra vita sia lungamente gloriosa, com'io non ne so niente». E Abner, allorchè fu ritornato dal campo, lo presentò innanzi a Saul; non già che a lui, capitano superbo, importasse dimostrare gratitudine e riverenza verso quel poveretto; ma non ne poteva a meno. Venne Davide tenendo pei lunghi ruvidi capelli il teschio del gigante e nella fronte insanguinata pareva un terz'occhio aprisegli fondo. E re Saul gli domandò: «Di che famiglia sei tu, giovanetto?». Davide rispose: «Isai, servo vostro, è mio padre; che sta in Betlemme». Nelle accoglienze del re, tra la gioia del passato pericolo, si vedeva non so che confusione del dovere tal gioia al figliuolo di Isai. Non si ricordava più Saul d'essere anch'egli nato uomo di campagna e povero e d'oscura famiglia. Fissava gli occhi nel giovanetto, parte per leggergli in cuore s'egli insuperbisse di quel benefizio portato a Israello, parte per confondere l'umil pastore con l'aspetto della reggia maestà. Ma l'umile pastore lo riguardava libero e sereno senza nè peritanza nè orgoglio; e rispondeva alle sue moltiplicate interrogazioni con senno candidamente. Onde il re lo guardava sempre più sospettoso e più torvo; e i sorrisi della sua degnazione parevano come lampi di nuvola nera. Faceva le viste di compiangere la sua giovinezza: e i grandi uffiziali dell'esercito misurando dal proprio animo l'animo del re, dimostravano di non si curare punto del figliuolo d'Isai. Ma i soldati semplici e tutto il popolo povero lo accarezzava riverenti; il fratello maggiore che lo aveva tanto acremente gridato, adesso non sapeva che si dire. Poc'anzi e' s'era creduto molto più brava persona di questo ragazzo presuntuoso. E così spesso segue a chi corre troppo leggermente a' dispregi. Questo ragazzo fu come la prima pallottolina di neve, che ruzzola giù dal monte: che involge nella rovina e gran massi e querce antiche, e schiaccerà il paesello sottostante, come il cervo fuggendo pesta l'arida fronda.

MODESTIA ANIMOSA

Intanto che Davide parlava a re Saul, Gionata figliuolo di Saul, giovane prode e buono, lo stava riguardando con ammirazione serena, e taceva, ma a ogni parola, a ogni atto del pastorello, brillava a Gionata il cuore, come se avesse ritrovato un fratello. Gli piaceva nella semplicità la franchezza, la modestia nell'onore, la dignità di guerriero, la povertà di pastore e, con un braccio sì forte a difendersi, quella fede sommessa a Dio unico difensore. Gli piaceva che un altro guerriero, come suo padre, sorgesse da povera gente: come pianta che getta le radici alle falde del poggio, ed arriva colla cima i virgulti crescenti su per la costa. Prode, com'era Gionata, e buono, non nutriva nè invidia della prodezza altrui, nè sospetto dell'altrui cuore: prode e buono e modesto, aveva le doti che si convengono al vero amico. Da quel colloquio pertanto l'anima di Gionata si attaccò all'anima di Davide, come cera scaldata che prende la forma del rilievo al quale s'accosta. E Gionata amò Davide come la vita sua propria.

Re Saul ingiunse che il giovanetto rimanesse con seco, nè volle lasciarlo ritornare alla povera casa paterna. Al vecchio Isai ne doleva, sebbene lo consolasse l'onore del sangue suo; e dispiaceva anche a Davide, il quale avrebbe amato, ove il destro venisse, andare e combattere, ma poi ritornarsene alle sue poche pecore, e ai ruscelli noti, senza le cerimonie della disciplina soldatesca, e senza le noie del vivere cittadino che gli erano continuo impaccio. Una cosa gli dava sollievo, l'affetto di Gionata ch'era a lui consolazione nuova, e come il prospetto di nuovo terreno e di nuovi orizzonti: perchè Davide anch'egli amava Gionata come la vita propria. E strinsero patto di santa amicizia: Gionata si spogliò della tunica ch'e' portava, e la diede a Davide che la portasse, e tutti gli abiti militari, e spada e arco e cinto.

Davide prontamente faceva le imprese dove il re lo mandasse; e si portava con coraggio prudente, come si conviene a chi sa ch'egli ha nelle mani le sorti d'un popolo e la sua fama. Re Saul lo fece capitano di schiera non piccola: e tutto il popolo aveva affetto a Davide.

Or dovete sapere che, quando Davide ritornava dopo atterrato il gigante, per tutte le città d'Israello si fece gran festa; e le donne uscivano in coro, menando danze incontro a re Saul, con timpani e altri strumenti, suonando a gioia e danzando cantavano (perchè a que' tempi la danza era cosa solenne e quasi sacra, e con meno salti de' piedi, ma con più atti modesti e eleganti della persona rappresentava, come scultura vivente, la memoria de' fatti onorati e la potenza de' nobili affetti), cantavano danzando, e dicevano: «Ne vinse Saul mille, e Davide diecimila». Quel grido di quelle giovanette si confisse a Saul come una spina nel cuore; perchè il paragone del valore è sempre cosa pericolosa, e offende l'uno de' due, e talvolta risica d'offendere e l'uno e l'altro. Onde Saul ruminava l'amarezza di quelle parole, come se un giudice le avesse profferite, ed egli, il re, dovesse al giudizio sottostare; e diceva: «A Davide diedero il vanto di diecimila, a me di mille? Or che più resta se non che diano il seggio del regno a lui?». Saul da quel giorno guardò con occhio torto il giovanetto; il quale non si addava punto di ciò, e con parole innocenti esulcerava forse la piaga nascosta del re geloso. Nell'invidia lo spirito del re sempre più s'infoscava; come, al morire del dì, le cose a poco a poco perdon colore negli occhi dell'uomo; e prima le piccole e lontane si smarriscono, come se camminassero via nel buio, poi le grandi e vicine perdono i contorni, e par che s'affondino in un mare di tenebre. Questa immagine stava a Saul nel pensiero: Davide che cresce e grandeggia sopra la grande persona del re, e un sasso scagliata dalla fionda pastorale fischiando viene e fa cadere di capo al re la corona. E quanto più egli si sforza non sentire quel canto delle giovanette che cantavano i diecimila domati da Davide, e tanto più risuonavano a lui quelle voci.

Chiuso nelle sue stanze, e' piangeva di rabbia; poi meditava vendetta: ma vendetta di che? Davide che cosa gli aveva mai fatto? Avrebbe bramato il re infelicissimo trovarlo in colpa; ma l'innocenza del giovanetto irritava l'odio suo cupo; e il dissimularlo tornava in quotidiano tormento. Nella lode stessa del re era veleno, nel sorriso era fremito. A chi gli parlasse di Davide, non degnava rispondere: a chi non gliene facesse motto, n'entrava egli da sè: profferiva parole tronche, gettate in mezzo alle parole altrui, come trave fra' piedi a chi passa. Si sentiva impazzare. I servi suoi non osavano chiedergli la cagione di quell'umore nero; non ardivan nemmeno guardarlo in faccia, per tema ch'egli temesse d'essere spiato nell'intimo suo come un suddito, giudicato, come un reo, egli re. Nondimeno si fecero animo a consigliarli che provasse di vincere quello spirito di tristezza con l'armonia del suono e del canto, come prima soleva. Da assai tempo Davide, al quale Iddio aveva, tra gli altri doni, dato questo dell'accompagnar colla cetera e con la voce forte e soave le armonie del pensiero, Davide, dico, era scelto a quetare, cantando, gl'impeti dementi di Saul: e a quel suono l'anima del re si quetava, com'acqua che s'appiana, e, non più torba, rimanda all'occhio i colori del cielo e gli alberi della riva.

Un giorno dunque che il giovane gli rendeva questo servigio di pace, re Saul se ne stava col mento sul petto, e con gli occhi di sotto in su soggguardandolo fieramente. Accanto aveva la lancia e Davide stava presso la parete di faccia. Quando una furia lo prende, dà di piglio alla lancia, e s'avventa per configerlo alla parete. Ma Davide antivide il colpo, e, gettando la cetera, uscì. Cadde la cetera del pastore, e cadde sulla cetera la lancia del re, rimbalzata dal muro; e le corde percosse diedero un suon di lamento. Si riscosse il disgraziato; e, inorridito di sè, coperse con le mani la faccia. Conobbe che Dio era col giovanetto. Temeva oramai fargli torto, temeva rendergli onore.

In questa battaglia di paura, d'invidia, di riverenza, di vergogna, si pensò di dargli il comando di mille guerrieri; che, nel suo ardire, corresse al pericolo, e che portata dal turbine della guerra si dileguasse per sempre quella vivente minaccia. Ma Davide era avveduto nel coraggio, e aveva Dio dalla sua, e il popolo aveva. Onde le smanie del re imperversavano più e più. Perchè Davide, non dimentico dell'umile origine, conversava col povero alla familiare, e intendeva col cuore le semplici parole di quello, e rispondeva con parole semplici e cordiali.

Pensò allora il re un'altra cosa: «Io ci ho Merob, disse, la mia figliuola maggiore, e vorrei dartela in moglie. Ma conviene che te la guadagni tu col tuo braccio, combattendo le battaglie di Dio e della patria». Saul pensava così: Senza ch'io lo finisca, per me faranno i nemici. E metteva la propria figliuola sui passi di lui come un'insidia di morte: perchè gli uomini senza cuore, fanno mercato o zimbello fino del proprio sangue. Le prodezze fatte avevano già appareggiato Davide alla condizione di Saul; e Saul, anch'egli, del resto era figlio di poveretti, e poi, Davide sapeva già dal vecchio Samuele, che succederebbe a Saul come re d'Israello. Ma convien dire che il vecchio, nell'atto d'annunziargli la cosa, comandasse al giovanetto che attenda il maturare de' tempi, e s'inchini a Saul come a re d'Israello.

Chiamato adesso a diventare genero del re, poteva Davide credere che per questa via s'avesse ad avverare la promessa del suo ingrandimento; poteva accettare di colpo. Ma egli risponde alla proposta di Saul: «Chi son io? che cosa è la mia vita, che cos'è il parentado del padre mio, ch'i' abbia a diventare genero a chi è re d'Israello?». A Saul parve forse oltraggioso il rifiuto; o forse volle ferire il giovane con il negargli la cosa profferta già: fatto è che Merob, la figliuola maggiore di Saul, fu data in moglie a un certo Adriele, il quale non si sa che meriti avesse. E forse il re tristo, col darla a un dappoco, si pensava di fare scorno al giovane prode.

Restava Micol, la minore sorella; la quale voleva bene a Davide, e per l'amicizia grande del fratello Gionata e per lui stesso. Saul lo venne a sapere, e di lì trasse occasione a nuove insidie di morte. Non volle, come prima, aprirsi egli stesso a Davide, ma per gente fidata gli fece dire: «Ecco, il re t'ha in grazia, e t'hanno in affetto i servi di lui. Tu puoi divenire genero del re, volendo». Le creature di Saul sussurrarono all'orecchio di Davide queste parole, e Davide modestamente: «Essere genero del re? vi pare egli piccola cosa. Io sono un povero giovane, figliuolo di povera gente». Ridissero a Saul: «Questo e questo risponde Davide». E Saul a coloro: «Dite a Davide così: Non richiede il re presenti di nozze da te, nessuni; chiede che tu gli apporti le spoglie di cento Filistei in giusta battaglia morti». Così sperava Saul disfarsi di lui. Davide, sapendo che Micol gli voleva bene, e che questo sarebbe a Gionata cosa grata; e pensando che il suo popolo avrebbe cento nemici di meno (giacchè guerra c'era tra Israeliti e Filistei tuttavia); accettò il patto; e di lì a pochi giorni andò co' suoi fidi, portando, come memoria cara e com'arra di vittoria, la spada di Gionata e l'arco. E non cento ne uccise de' Filistei, ma dugento, in leale combattimento. Saul confuso, non gli potè negare la sua Micol promessagli moglie.

Micol sempre più caramente lo amava; ma Saul diffidava di Davide sempre più fieramente: tanto che Gionata e Micol n'avevano dolore segreto e tema affannosa.

AMICIZIA CORAGGIOSA

Quando le passioni bollono, la vergogna è angusto vaso a contenerle che non trabocchino, se non si chieda a Dio che le queti. Vinto dalla rabbia ogni ritegno, parlò Saul a Gionata suo figliuolo, e a tutti i servitori suoi, che si adoprassero alla morte di Davide. Chiedeva in servigio il proprio malanno, come spesso accade massimamente a' potenti. Ma Gionata figliuolo di Saul, amava Davide molto. E disse a Davide: «Saul mio padre cerca disfarsi di voi. Onde vi prego, state in guardia: nascondetevi in campagna per ora. E quando mio padre anderà alla volta di que' luoghi dov'io so che voi siete; starò sempre al suo fianco, e farò parola a mio padre di voi; e ogni cosa che io risappia saprete».

I servitori di Saul (servitori chiama la Scrittura Santa coloro che stavano intorno a quel re), i servitori di Saul, a' quali nulla importava del re se non quant'egli servisse alle utilità loro, avranno fomentato il rancore suo, e fattogli la spia, e rapportate le parole di Davide, avvelenandole del loro proprio veleno; i più onesti avranno taciuto, temendo pur rendere avvertito del pericolo l'innocente. Ma Gionata il figliuolo, al contrario, fa all'innocente la spia delle trame del padre; e questo fa non solamente per compassione di Davide diletto, ma per amore del padre, che non si macchi di sangue e di vitupero, per amore della giustizia e di Dio, per amore della sorella. I deboli innocenti avvertire del pericolo che corrono, questo è fare nobilmente la spia: di tali spie ne vorrei; che non sono pagate, ma pagano con la borsa e con la testa o col cuore e il prezzo che pagano comecchessia, è caro e sacro.

Gionata stava sempre aspettando il destro di dire al padre in pro del cognato suo caro qualche buona parola. E un giorno ch'egli era all'aperto, e che la vista del cielo sereno pareva rasserenasse l'animo del re, il quale s'apriva a Gionata più confidentemente che mai; questi, affrettando le parole e abbassando la voce con atto d'instante preghiera, non come guerriero ardito ma come fanciulla timida, prese a dire: «Non fate male, padre mio e re, a Davide servo vostro, il quale non vi ha fatto alcun male; anzi s'adopra per noi, e mise la vita tante volte a cimento, come fiaccola esposta al soffio de' venti; e sconfisse i vostri nemici: e così fu salvo, per grazia del Signore, Israello; e voi stesso, padre mio, ne aveste allegrezza. Perchè dunque volere un sangue innocente?». La soavità e la franchezza e la semplicità di questa preghiera mista a rimprovero irreprensibile penetrò al cuore di Saul e fu come un lampo che, tra desiderato e temuto, illumina la valle e mostra allo smarrito viandante il cammino precipitoso. Onde placato Saul disse a Gionata: «No, al nome di Dio, non vo' che Davide muoia». Non osava Gionata dimostrare tutta la gioia dell'animo; che quella non paresse offesa al passato rancore del padre misero e amato. E chiamò Davide, e gli disse la cosa e l'accompagnò a Saul egli stesso, per leggere negli occhi o negli atti del padre quel che s'avesse a sperare d'ora innanzi o a temere. E il re lo accolse con sembiante tranquillo, come se nulla fosse corso tra loro; e pareva contento di Davide, perch'era meno scontento di sè. Or ecco nuovi moti di guerra; e Davide nuovamente esce in campo, e combatte i Filistei e li sperde. Ed ecco l'umor nero di Saul dar fuori da capo, e lo spirito d'invidia agitarlo. Chiamarono Davide che l'acquetasse col canto, come soleva. Era notte, e l'armonia si spandeva per l'aria quieta, si spandeva mesta, come voce in solitudine. Or mentre accompagnava il canto colla cetera, Saul gli si avventa per inchiodarlo alla parete colla lancia che teneva d'accanto: ma la lancia si conficcò tremolando nel muro; e Davide fuggì via. Saul manda sgherri alla casa di Davide, che appostati alle porte la mattina quand'egli esce, l'uccidano. Micol, che aveva poc'anzi visto entrare il marito turbato non da spavento ma da orrore che il padre di sua moglie volesse far vedova la propria figliuola; Micol sentì, con l'orecchio di persona che ama, per le tenebre il fruscio de' passi, e il sordo posare delle armi per terra: e s'affacciò da uno spiraglio, e vide gli sgherri; e disse a Davide: «Se non ti salvi stanotte, domani sei morto». E aperse pian piano la finestra dalla parte che dava sulla campagna; e, abbracciatolo, e cintagli al fianco la spada di Gionata, e riabbracciatolo ancora senza lagrime e senza suono di voce, lo calò dalla finestra, reggendo con tutte le forze la fune. E, sentitolo a terra, e vistolo, come un'ombra leggiera, perdersi fra le piante, s'inginocchiò ringraziando e pregando. Ogni stormire di fronda la riscuoteva, non forse gli sgherri, avvistisene, lo rincorressero. Ma ogni cosa intorno era quieto. Micol, allora, prese un'imagine d'uomo in pietra che aveva, la pose sul letto, e la involtò in un gabbano: e le imbacuccò tutto il viso. Sull'alba uggiti del più aspettare, i satelliti picchiano: e di dentro si risponde: «Malato». Saul, inviperito, manda da capo: «Strascinatelo così malato, che muoia». Vengono e trovano la figura invece di lui. Saul allora a Micol disse adirato: «Tu osi farti beffe di me? E lasciare il nemico mio che mi scappi?». E Micol rispose:

«E' mi disse: Lasciami; o tu sei morta». Mal fece Micol a scusarsi d'un'azione debita e bella con dir menzogna; nè già Saul è da credere che le desse fede e non arrabbiasse in vedere i suoi proprii figliuoli amare colui ch'e' chiamava nemico. Meglio esporsi all'ira del re, che pure era padre, e non avrebbe incrudelito contr'essa; e fosse, per la generosità di lei, convertito il cuore a pietà. Ma forse non erano tutte menzogne le parole di Micol; ella forse intendeva che la morte di Davide amato sarebbe morte a lei stessa.

Si rifuggì Davide in Ramata; e, stato quivi alcun tempo, lo prese desiderio di sentire i conforti e i consigli di Gionata l'amico fedele. Venne, e s'abboccò seco, e gli disse: «Gionata che ho fatto io? qual è la mia colpa, quale è il mancamento mio verso il padre vostro che e' vuol la mia vita?». E Gionata gli rispose: «No, Davide, non morrete (Dio liberi). Mio padre non fa cosa da molto o da poco, che non me ne parli. M'ha egli a celare questa sola, e tanto grave, tra tutte le cose ch'e' fa? Non può essere». E s'ingegnava d'assicurare Davide, perchè credeva davvero, anco dopo le prove avute, impossibile che suo padre venisse a tanto. Giudicava altri da sè; e questo è bene quando si tratta d'attribuire ad altri un sentimento buono: ed è necessità degli animi onesti, che abborrono da giudizi temerarii, come da vile e affannosa calunnia. Ma Davide gli diceva: «Vostro padre, o Gionata, sapendo che mi volete bene, dirà: Tenghiamo celata la cosa a Gionata, che non se ne affligga. Così sia lode al Signore, e così sia salva, o Gionata, la vostra vita, com'io vedo e sento che dalla morte a me è un breve passo». Dice Gionata a Davide: «Quello che il cuore vostro mi consiglia, e io farò». Dice Davide: «Domani è dì di festa solenne, ch'io devo, secondo l'uso, accanto al re sedermi alla mensa. Io non mi ci vo' trovare; e starò fuori tre interi dì. Se vostro padre domanda di me, rispondete: Davide mi chiese licenza d'ire in Betlemme, ch'è il suo luogo, a far sacrifizio solenne con tutti della tribù. Se il re dice: Sta bene, segno di pace. Se si rabbrusca, segno che l'astio del suo cuore dura. Usatemi, Gionata, questa carità, a me vostro servo; giacchè vi piacque con me, servo vostro, stringere amicizia nel Signore. Se a voi pare ch'io sia reo, uccidetemi voi; ma non vogliate condurre al padre vostro». A queste parole Gionata si commosse e quel chiamarsi che Davide faceva suo servo, l'umiliava dolorosamente e lo inteneriva. Onde disse: «Che dite voi mai, Davide; cognato e fratello mio, che mai dite? Non date retta vi supplico, a cotesto pensiero. Come è possibile che, s'io vedo insanabile il rancore del padre mio, non vel abbia a dire?». Davide allora: «Ma come farò io a sapere se vostro padre vi risponde parola dura di me?». Gionata a Davide: «Venite, usciamo un poco all'aperto». Mentre andavano per la campagna insieme, Gionata con gli occhi levati al cielo: «Signore Iddio d'Israello, se io vengo a conoscere le intenzioni del padre mio verso Davide, e se le vedo buone e subito non gliele fo sapere; Signore, gastigate pure Gionata, che lo avrà meritato. Ma se il mal animo di mio padre non resta; io ve ne farò sapere, o Davide, e vi lascerò ire in pace; che il Signore sia con voi in tutte le vostre vie, come fu con Saul padre mio. Io non so che sorti alla famiglia nostra destini, o Davide, Iddio: ma se a voi è serbata una vittoria dolorosa al cuore vostro (sì, dolorosa, Davide: io lo credo e lo so); non ve la invidio, e, come vi benedice il Signore, vi benedico. Se mai... allora, Davide, ricordatevi di Gionata, che come fratello v'amò. S'io sarò vivo allora, usatemi compassione nel nome del Signore; e se sarò morto, non togliete la vostra compassione dalla mia infelice famiglia» . Davide si sentì intenerito e umiliato; e non sapeva dire parola. Nondimeno, stretto dalle preghiere di Gionata, gliene promise, pur desiderando che vittoria non segua, ma chiudendo gli occhi al buio avvenire, che la luce di Dio lo rischiari.

E perchè Gionata amava Davide molto, come la vita propria l'amava, volle per l'appunto accordarsi del modo che gli farà giungere le novelle e con quella ingegnosa e minuta diligenza che l'amor vero insegna, pensò così: «Domani è dì di festa, e posdomani; e domanderanno di voi. Per sapere quel che avran detto, e quel ch'è a fare, verrete da quel sentiero dov'è il masso che chiamano D'Ezel, e starete tra la montagna e gli alberi delle falde. Io tirerò come al bersaglio; ne scoccherò tre delle frecce; e al mio servo dirò: Va, raccattale. Se dico al ragazzo: Le frecce eccole di qua da te; segno è, Davide, di pace, e che potete venire senza pericolo di male: com'è vero Dio. Se dico: Le frecce sono di là; allora, Davide, andatevene, chè Iddio vuol così. Di quel che abbiamo parlato, rimanga nel vostro petto; e ne sia Dio testimonio e giudice tra voi e me in sempiterno». Si baciarono; e Davide si nascose fra gli ombrosi sentieri della salita.

Il dì della festa, quando il re Saul si mise, secondo l'uso, a sedere sul seggio ch'era accosto alla parete, il capitano di Saul, gli sedette al fianco; rimase vuoto il posto di Davide. Saul non disse parola quel giorno, pensando che qualche impedimento tenesse il genero lontano, o non volendo forse mostrar di badare a lui più che tanto. Ma il giorno dopo, non lo vedendo a tavola, domandò a Gionata suo figliolo: «Che vuol dire che il figliuolo d'Isai non s'è, nè ieri nè oggi, lasciato vedere?». Non lo nomina nè Davide nè suo genero; ma figliuolo d'Isai; perchè i grandi del mondo nel misurare i gradi della noncuranza e nell'inventare artifizi di dispregio, sono sottili molto e immaginosi. Quel titolo suonò tristo al cuore del buon Gionata, il quale rispose: «Mi pregò tanto poter ire in Betlemme che uno de' suoi fratelli lo chiamava al solenne sacrifizio; e mi supplicò che lo lasciassi vedere la sua famiglia per questo non è venuto».

E poteva esser vero anco questo e giova credere che Davide e Gionata non ordissero una menzogna quando potevano trovare altre scuse. La menzogna da ultimo non può portare buon frutto; e se al momento par ch'essa tolga un impaccio, ne fa poi insorgere di peggiori.

Re Saul non s'acchetò punto a quel pretesto; si scagliò contro Gionata con vituperi e gli disse: «Non so io forse, o disgraziato, che tu sei l'amico di quel figliuolo d'Isai? E non intendo che, finattanto che il figliuolo d'Isai sarà vivo, tu non avrai pace, il tuo regno non avrà fondamento? Or manda per esso, e conducimelo; perch'egli è già destinato alla morte». Il re si credeva con questo scongiuro scoscendere Gionata, pensando che a tutti quanti dovesse il seggio regio parere cosa tanto magnifica quanto a lui. Gionata, senza dar retta a quelle parole in atto supplichevole ma fermo, rispondendo a suo padre, disse: «Perchè avr'ebb'egli a morire? Che fec'egli Davide?». Re Saul, senza dire parola, diede il piglio alla lancia per trafiggere Gionata, il suo figliuolo. Allora il giovane dovette pur credere che suo padre aveva fermo d'uccidere Davide. Ma chi sa che, se, invece d'uscire con una scusa, il buono amico e buon figlio avesse a diritura detto al padre alla prima domanda: «Davide non viene perchè teme o padre, di voi, perchè crede la propria vita mal sicura a fianco del suocero, perchè a chiari segni s'accorge che Saul re vuol far vedova la propria figliuola», e se avesse soggiunte parole di preghiera dolorosa e di consiglio sommesso, affettuoso; chi sa che re Saul non si fosse ancora una volta ravveduto, e usato misericordia, più che all'altrui vita, all'anima propria? Ma egli si sdegnò del pretesto; e a esasperare il rancore si aggiunse l'orgoglio: e questa cosa lo punse, che il figlio stesso paresse prendere a giuoco lo sdegno suo, e credesse abbonirlo con due parolette, come fanciullo che piange. Si credette attorniato da cospiratori, siccome sovente si fingono i prepotenti, che primi cospirano di per sè stessi alla propria rovina.

Gionata uscì confuso di dolore, che dovesse apportare a Davide novella così fiera; dovesse annunziargli che suo padre, che il re d'Israello, era un pauroso omicida. Uscì senza gustar cibo quel giorno di festa. E la mattina sull'alba venne nel campo là dov'erano intesi che Davide l'aspettasse: e un giovane servo era seco. Perchè non ha egli chiamato quel fedele scudiero che s'inerpicò con lui sotto alle lance nemiche su per l'erto scoglio di Sene? Era bene degno quel prode d'accompagnarsi a Gionata in questo uffizio d'amicizia generosa. Ma forse quello scudiero era morto in battaglia, forse lontano; forse non voleva Gionata dar sospetto andando per i campi in compagnia d'un armato. Giunti alla pietra d'Ezel, ei disse al giovanetto: «Va', e riportami le saette ch'io getterò». Scoccò e fece volare la saetta oltre al luogo dove il fanciullo era corso. E gli gridò a voce alta, ma tremante dall'ansietà e dall'affanno: «Ell'è più là». E poi soggiunge: «Presto». Il giovanetto raccolse le frecce, e le portò al suo signore; Ma non sapeva di che quella parola era segno. Gionata e Davide soli sapevano della cosa. Diede Gionata le armi al giovanetto «Va', portale a casa», gli disse. E quando quegli ebbe svoltato il sentiero, Davide si levò dal luogo dov'era fra gli alberi folti da parte di mezzogiorno; e voleva inchinarsi davanti al suo Gionata per affetto di gratitudine. Tre volte fecero l'atto; ma Gionata lo tenne, e l'abbracciò: e si baciarono. Ambedue piangevano ma Davide più.

Gionata, distaccandosi da quegli abbracciamenti: «Va in pace, gli disse, fratello mio. Ricordati dell'amicizia nostra». Davide si scosse, e partì dopo ribbracciatolo senza parola. Ritornò Gionata alla città, doloroso e solo, ma pur consolato dell'aver salva così cara vita; e portò alla sorella Micol le novelle, e le preghiere e i consigli del profugo marito: e piansero.

RISPETTATE I DEBOLI DI MENTE

Per fuggire dall'ira di Saul, pensò Davide[1] d'andarsene nel paese di Get, nemico a Israello; del qual paese era Golia, quel gigante che il pastore aveva atterrato colla sua fionda. Com'ebbero visto Davide i servitori di Achi re del paese di Get, credendo far cosa grande al re, e avere vanto di saper come cani, annusare la preda, dissero: «Non è forse Davide questi, il vincitore, al quale danzando cantavano: Vinse Saul mille, e Davide diecimila? Sentì Davide tali discorsi, e, al modo come già lo guatavano, vide che dal re di Get era assai da temere: la quale cosa e' poteva aspettarsi anche prima. E, a campare dal pericolo, pensò un'astuzia non degna, per verità, di tale uomo; fingersi pazzo. E fece un viso spaurito; e stava con le mani spenzolone, e gli occhi stravolti; e dava di cozzo negli stipiti, invece d'entrare dagli usci; e si lasciava sulla barba arruffata sgocciolare la bava. Così lo condussero dinnanzi ad Achi. Al vedere quelle sconce cose, disse il re alla sua gente: «Perchè vedendo ch'egli era un matto condurlo d'innanzi a me? Non ce n'è forse de' pazzi fra noi, che mi portiate a vedere anche questa così per vaghezza?».

Poteva il re per vendette della toccata sconfitta, pure al sentire che costui era tenuto per Davide, tuttochè così deformato ammazzarlo. Certe polizie d'oggidì sono un po' più curati di queste cose: e non solo agguantano le persone sospette, ma anco chi le somiglia. È dunque un sentimento d'umanità nella noncuranza del re prelodato; della quale gli dobbiamo tanto più saper grado, quando lo paragoniamo alla spietatezza e sconoscenza ospitale di Saul. Ma Davide dal suo canto non doveva mai mettere sè stesso al cimento di simulare pazzia per salvarsi con cotesta finta. Era bugia di fatto anche questa; e' mentiva alla propria ragione. Men male, però, far il pazzo per salvare la pelle, che fare lo scimunito e il sordo per empiersi il ventre: men male rinnegare per un momento le apparenze della sana ragione, che rinnegare per sempre la propria coscienza, e per vile paura o speranza vile farsi adulatore, arnese di servitù, sgherro, spia.

Ma tutti coloro a cui cade il destro di vendicarsi di male, patito a diritto o a torto che sia dovrebbero con generosità più deliberata imitare quest'Achi re del paese di Get. Tutti dovrebbero rispettare i pazzi e gl'imbecilli, e riguardare gli offensori ingiusti come turbati di mente o come scemi; senza dispregio, riguardarli così, ma con occhi di compassione sincera, e pregare Dio acciocchè non lasci crescere il numero degli scemi.

NOTE

[1] Ciò che non è lodevole secondo la ragione comune, e non imitabile agli uomini, può essere in certi casi rispettabile secondo una più alta ragione. Tali certi fatti della vita di David.

DISUBBIDIENZA PIA

Uscito dal paese di Get, si ricoverò Davide nella grotta d'Odolla. E fra i timori e le angustie della misera fuga, pensava al suo Gionata, pensava alla moglie; ma non dimenticava la vecchia madre e tutta la semplice sua dolce famiglia e il vecchio padre. Oh quante volte avrà Davide sospirato quel tempo che, pastorello povero e libero, senza necessità di nascondersi come un reo e senza tentazione di dire menzogna, i suoi desideri s'erano contenuti in pochi oggetti, ma s'acquetavano in quelli; e intanto i pensieri volavano per l'ampia campagna, e riposavano sulla verdura, e di lì s'innalzavano a' monti, e de' monti al cielo, a Dio benedetto! Quante volte avrà rigustato col desiderio il latte tiepido soaveolezzante delle sue pecore, ch'e' bevve seduto accanto a sua madre, il pane ch'e' cosse sotto la brace a suo padre Isai; e que' lunghi dolci discorsi della famiglia che non dicono nulla al cuor dell'estraneo, e quel lungo ridere di tutto il cuore per cose da nulla, e quelle storie de' vecchi padri raccontate sul focolare la sera, mentre di fuori alla porta s'ammonta, sospinta dal vento, la neve; e i canti imparati, e la cetera pendente dall'affumicata parete! Come nebbia che, densa e grave all'odorato, toglie per poco agli occhi la campagna e il sentiero; così la lieta fortuna aveva per poco annebbiata nel pensiero di Davide l'immagine della sua povera famigliuola: ma venne il dolore a rasserenargli l'affetto. E allora il guerriero desiderò il bacio de' genitori cadetti, e il colloquio de' fratelli: tanto più vivamente desiderò, che temeva non cadesse sopra loro la fredda ira del re frodolento. E i genitori e i fratelli desideravano lui; e là dove egli era vennero a ritrovarlo.

Vennero altresì, alla spicciolata, di quelli che si collegavano sempre ai malcontenti, perchè ne speran o pane o fame o vendetta; uomini poveri, maltrattati da Saul. Se ne fece una turba di quattrocento e Davide era lor capitano. Di cotesto non so se abbiamo a lodarlo; ma forse e' lo faceva a difesa propria, e per mettere alquanto in riguardo il re sciagurato: dacchè certi uomini solo all'aspetto della forza s'inchinano e apprendono dal timore il rimorso. Del resto non pare ch'egli conducesse que' quattrocento a rapine o a stragi; anzi forse raffrenava i loro impeti, e li indirizzava ad imprese di valore puro. E vedremo che le sue intenzioni non erano di nemico.

Dalla grotta d'Odolla mosse Davide verso la terra de' Moabiti; e disse al re di quel luogo: «Rimangano, prego, mio padre e mia madre nel paese vostro insinattanto ch'io sappia quel che Dio dispone di me». Quivi stette alcun tempo; ma Gad profeta gli consigliò di ritornarsene nel paese di Giuda. E egli andò, e si pose in una foresta che chiamavano col nome di Heret. Seppe re Saul del ritorno di Davide co' suoi quattrocento compagni; lo seppe mentr'era in Ghibea, nella selva di Rama. E' teneva in mano la lancia, e i suoi servitori gli stavano intorno (ho già detto quel che significa servitori del re). Disse dunque a' servitori che gli stavano intorno: «Sentite un poco voi altri. Sperereste voi forse che il figliuolo d'Isai faccia ciascheduno di voi larghezza di campi e di vigne, e ch'egli abbia a creare tutti voi capitani dell'armi? Voi congiurate contro di me, congiurate tutti; e non è chi mi rechi novella di quel che fa il mio nemico. E bene sta, se il figliuolo mio stesso ha stretto amicizia col figlio d'Isai. Nessuno di voi conduole alle mie sventure; nessuno me ne reca novella, dacchè il mio figliuolo ha aizzato contro di me il servo mio, che mi tende insidie senza tregua».

Era con Saul nella foresta certo Doeg idumeo, soprantendente de' pastori di Saul (chè, siccome aveva predetto Samuele, Saul aveva pastori di suo); il quale Doeg s'era abbattuto a vedere allorchè Davide fuggiasco venne in Nobe ad Achimelec sacerdote, e si finse mandato per segreto messaggio del re, e gli nascose de' risentimenti insorti tra loro; onde Achimelec diede a lui, che aveva fame, del pan benedetto, a lui e a' suoi, che altro non aveva da dare; e gli diede la spada di Golia filisteo, che, rinvolta e appesa, era stata dal dì della vittoria nel sagrato. Achimelec fece questa cosa innocentemente; ma già, quand'anco l'avesse saputo, dar mangiare a affamati, per scellerati che siano, e dare una spada a un innocente perseguitato, non s'avrebbe a chiamare misfatto. Dico che Doeg idumeo vi si era trovato. Or eccoti che qui nella foresta e' si pensa di rapportare a re Saul questa cosa; ma senza dire che il sacerdote nulla sapeva dell'ira del re e della fuga di Davide. Racconta dunque la spia maledetta, tacendo la particolarità che giustificava l'accusato, e dicendo il male solo, come fanno le spie: «Ho visto Achimelec, figliuolo d'Achilob... - così e così». Allora il re, fattosi subitamente peggior d'una fiera manda per il sacerdote e per tutta la famiglia di lui, e per tutti i sacerdoti ch'erano in Nobe, che gli siano subito tratti innanzi. Nè in questo frattempo, che il messo andò, e ch'essi vennero, il suo furore s'era quetato; perche passione fredda era la sua, mista d'invidia e d'orgoglio feroce.

Vennero. «Figliuolo d'Achilob, dimmi», gli dice Saul. «Eccomi, Signore», risponde Achimelec. E Saul ripiglò: «Perchè cospirare contro me, tu costì e il figlio d'Isai? Perchè dargli i pani e la spada, e orare per lui, che insorgesse poi contro me da insidiatore perfido?». Achimelec con semplicità gli rispose: «Come mai! Chi tra tutti i servi vostri, signore, più fedeli di Davide? Egli genero del re; egli che al vostro cenno va e combatte, e fa di sè gloriosa la casa vostra? Ho io forse da ieri cominciato a pregare per esso? Non voglia, prego il re sospettar male di me, ne d'alcuno di mia famiglia: chè nè io nè nessuno abbiam pure avuto in pensiero male veruno. Di coteste discordie, il servo vostro non ha saputo cosa nessuna, nè grave nè piccola, signor mio». L'ira, l'orgoglio, il sospetto sono malattie che tolgono all'uomo la virtù di credere al vero; e re Saul le aveva addosso infelice tutte e tre. Poi, quel sentirsi rammentare le imprese di Davide, gli fu al cuore un nuovo morso; onde disse: «Morrai tu e tutti i tuoi; morirete». E a' soldati comandò: «Uccideteli tutti, perchè la man loro è nella mano di Davide. Sapevano ch'e' fuggiva, e non lo dissero a me».

Punire con la medesima pena la colpa, anco che vera, e colui che non isvela la colpa, è giustizia di tiranno disperato e matto dalla paura. Al cenno del re, i servi suoi, nessuno si mosse. Non osavano stendere le mani sui sacerdoti del Signore; e chi guardava alle loro teste canute, chi a Saul, chiedendogli con gli occhi pietà; altri si guardavano tra loro, come per fare coll'altrui conoscenza coraggio alla propria; perchè il bene è quasi lume che, posto in mezzo a più specchi, li illumina tutti a un punto, e dall'uno all'altro specchio rimbalza, e moltiplica se medesimo lietamente. Era re Saul rimasto col braccio teso in atto di comando, come se, prima ancora ch'egli abbassasse la mano, avessero tutti que' corpi a cadere morti. In vedere i suoi servi, di solito tanto pronti agli ordini di lui, tutti fermi, il suo braccio steso, e la faccia mutata da rabbia a stupore, avrebbero fatto sorridere chi lo guardasse senza pensare a que' tanti innocenti, la cui vita da quel cenno pendeva quasi da filo. Ma il suo stupore dà luogo subitamente a più fiera rabbia. Rivolto a Doeg idumeo, grida il re: «Uccidili tu». E Doeg, già preparato dal mestiere della spia al mestiere del carnefice, s'avventò su que' sacerdoti disarmati e potè trafiggerne ottantacinque.

Pietosa cosa a vedere, le bianche vesti, e i bianchi e biondi capelli, tinti di sangue; di sangue inzuppata l'erba e spruzzati gli alberi della foresta; e sangue schizzare sulla faccia infocata di Doeg; i più vecchi sacerdoti opporre il petto alla spada per difendere i petti più giovani, i più giovani con santa gara profferire sè stesso e chi cadere senza parola, chi con preghiera coraggiosa, chi con lamento sommesso; e quelli di sotto, ancora vivi, dibattersi nell'agonia, e scuotere i cadaveri de' sopragettati compagni, e far sentire nell'agonia un suono languido modulato come di canto. I soldati che per pietà non ubbidirono alla voce del re, potevano impedire il macello, e con preghiere, e se bisognasse, con minacce, stornarlo; e avventandosi sull'Idumeo, troncargli il braccio scellerato. Ma forse attoniti alla crudel vista, forse avvezzi a servire stupidamente al volere del re, si smarrirono.

Meno male che non si siano col braccio proprio fatti alla sceleratezza ministri; e preghiamo Dio che di questo coraggio almeno faccia tutti gli uomini degni. Incominciando a non servire l'altrui violenza, troveranno col tempo le forze e le vie d'inibirla.

Non sazia di tanto sangue l'ira di Saul, mandò l'Idumeo alla città di Nobe nella quale abitavano i sacerdoti, che trucidasse tutte quante le loro famiglie; e pur troppo si rinvennero sgherri che l'aiutarono a questo. Solo un giovanetto della casa d'Achimelec, di nome Abiatar, scampò, e corse a Davide annunziando dei sacerdoti del Signore le morti. Davide inorridito disse ad Abiatar: «Che, essendo in Niobe Doeg idumeo, l'avrebbe rapportato al re Saul, i' lo dovevo sapere. Reo di tutto questo sangue son io». E sentendo rimorso e vergogna dell'aver mentito ad Achimelec, disse al giovanetto Abiatar: «Non temere; rimani meco. Se vorranno la tua, egli hanno prima a prendersi la mia vita. E s'io mi salvo, e tu sarai salvo». Sappiam grado a Davide che non rigettò dal suo seno quel giovanetto, come un rimprovero della imprudenza propria; che gli confessò schiettamente se essere colpevole del sangue de' suoi che non temette con ciò l'odio o il dispregio dell'orfano desolato, ma credette poterlo consolare, e lo consolò veramente. Quanto pochi son quelli che patiscono, badino agli spasimi di chi patisce! Quanto son pochi che dicano all'addolorato: «Tu sei per causa mia addolorato»; e abbiano coraggio di chiedere scusa al debole che tace e piange! Quanto son pochi ch'abbiano fede nella generosità dell'anima umana, e sperino fermamente poter emendare il torto fatto, e essere perdonati! Il più degli uomini non si curano d'emendare il male che fanno, perchè lo stimano inemendabile; e, non sperando che l'offeso voglia mai perdonare ad essi, essi intanto lo guardano come nemico, e non gli perdonano mai, come se fossero essi gli offesi già da tutte le offese ch'e' sospettano e sognano.

PENSATE ANCO AGLI ALTRI

In questo mentre, vengono a Davide messaggi dicendo: «Ecco i Filistei che assaltano Ceila, e mettono le aie a ruba». Davide, preso consiglio dal sacerdote del Signore, si dispose al combattere. Ma i quattrocento ch'erano seco, i più gente data agli utili propri, cominciarono a dire che non era prudenza; che già troppo correvasi pericolo a rimanersene, essi gente sbandita, nel paese di Giuda: or pensa, commettersi a cimento di guerra! Gli uomini i quali non badano che a sè, vi parlano di prudenza sempre; ma i prudenti davvero, fanno di rado suonare cotesta parola. Davide di bel nuovo chiese consiglio al Signore; poi volle risolutamente combattere. E la generosità di lui trasse dietro a sè le incerte volontà degli uomini, come un legno sospinto dal vapore trae seco altro legno maggiore con impeto contro vento e contr'acqua.

Combattè, e vinse; e salvò gli abitatori di Ceila. E dopo fatto il bene, gli stessi compagni suoi, dianzi restii, n'ebbero conforto al cuore perchè la consolazione dell'affetto è cosa tanto più alta che il soddisfacimento della passione, quanto il dolce lume del sole di Sebenico è meglio che il calore d'una stufa di Vienna. Se Davide avesse detto: «I' ho di catti a pensare a' fatti miei! Il mio nemico è re Saul; e chi fa male a' sudditi di re Saul, è il mio collegato»; se Davide avesse parlato così, non avrebbe avute le benedizioni di Ceila liberata, nè tante altre benedizioni che, al vedere, non avevano vincolo alcuno con quell'opera generosa, ma pure erano unite con quella, come le foglie d'un medesimo fiore, che allegherà poi in dolce frutto. Il merito d'un'opera generosa s'imprime nell'anima come suggello profondo; e quel suggello medesimo può stamparsi in altre opere e in altri desiderii e pensieri, e venirsi in modo mirabile moltiplicando,

NON METTERE GLI UOMINI A CIMENTO

Rapportarono al re (sempre si trova della gente puntuale a rapportar male, come gli uomini onesti a pagare un debito), rapportarono a Saul, che un giovanetto della famiglia di Achimelec era fuggito da Nobe, e ricoveratosi a Davide. La qual fuga gli fece dispetto, come se fosse un frodo di tributo legittimo debito a lui. Gli rapportarono inoltre che Davide co' suoi si trovava a Ceila, fermativisi, dopo liberatala dal nemico. Il re allora disse: «Iddio me l'ha dato nelle mie mani, dacchè egli s'è chiuso in una città che ha porte e serrami». Saul nomina Iddio: la rovina del suo nemico, e' la reca a Dio come grazia. Non chiediamo, o fratelli, a Dio mai di coteste grazie sciagurate; e, a mente tranquilla, preghiamolo, che se mai la passione ci traesse a chiedere cosa non buona. Egli col non ci esaudire, ci faccia misericordia.

Dunque Saul raccolse l'esercito per andare all'assedio di Ceila. Davide lo riseppe: e interrogò l'ispirato consiglio del sacerdote se re Saul forzerebbe la città a dargli lui co' compagni, e se la città sarebbe per tradirli alle mani del re infuriato. Sentito il consiglio, e' si dispose a uscire co' suoi, che adesso erano cresciuti al numero di secento. Poteva Davide sperare nella gratitudine de' cittadini di Ceila, salvati per lui dal nemico; poteva come per diritto pretendere ch'eglino combattessero in favor suo: ma non volle, dopo reso un servigio, ripeterne il pagamento; non volle esporre nessuno alla tentazione di commettere un tradimento. Impariamo noi da quest'esempio a non sperare dagli uomini riconoscenza del bene che ci avviene di fargli; massimamente se la riconoscenza è pericolo o dolore, o pur noia o disagio: e impariamo a risparmiare altrui con gran cura le tentazioni di fare atto vile, come la madre con occhio trepido bada che il suo bambino non abbia a cadere. I più degli uomini, a gagliardia d'animo, sono bambini; e chi se li imagina forti a combattere per far comodo a lui, risica di rimanere gabbato non tanto da loro quanto da sè.

Così Davide co' suoi secento uscì di Ceila innanzi che Saul giungesse; e ringraziò quelli tra' cittadini che si mostravano disposti a pericolare seco. Coloro stessi che avrebbero ceduto alla forza e datolo a Saul, adesso, a mente serena, vedevano che quell'atto sarebbe stato alla città vitupero. E così Davide, andandosene, lasciò ad essi il merito d'una buona azione immaginata; perchè anco l'immaginazione del bene, accompagnata dal desiderio, può avere il suo merito, e farsi germe d'opere virtuose. Le madri e le sorelle e le mogli, grate a lui che aveva fatto del bene ai cari loro, dall'alto delle mura seguivano Davide e i suoi secento con l'occhio, e additavano a' bambini le lance luccicanti al primo raggio del sole, che si perdevano tra i sentieri della montagna, e ne apparivano tratto tratto fra il verde, come appunto fa il raggio del sole cadente a chi corre tra piante fitte di fronde.

PRIMA LA PATRIA

Usciti di Ceila i secento con Davide, andavano qua e là incerti, com'uomo che non sa la via, e ora prende questa e or quella, sperando che l'ultima sia la meglio: vagando qua e là incerti, temendo ora da questo lato ora da quello le insidie di Saul. Ma re Saul, quando seppe che Davide era scampato da Ceila, fallitogli il colpo, non si mosse. Voleva coglierlo alla sprovvista, come acchiappasi di notte l'uccello nel nido. Davide, per riaversi un poco dall'incessante angoscia del sospetto, che all'anime generose è più affannoso ancora del terrore, si mise nel paese di Zif dentro alla montagna solitaria, naturalmente difesa per roccie e per foresta paurosa a vedere, ma tanto più fida a abitare al misero perseguitato. Come gli saranno parse pesanti le ore in quel luogo deserto, lontano dalla moglie e dalla madre e dal padre e dall'amico e da' fratelli; e in mezzo a gente che conosceva poco il suo cuore; e che, dicendogli male di Saul (e facendogli sperare vendetta, credevano forse piacerli, e farlo servire alle ree mire loro! Perchè gli uomini che non conoscono il vostro cuore quando vi lusingano o accarezzano, allora più risicano d'abbattervi e d'accuorarvi. Quella compagnia non degna sarà a Davide più grave ad ora ad ora, che l'odio di Saul.

E Saul tuttavia cercava d'averlo; ma indarno. Gionata, il fido e valente, non potè più sostenere che non rivedesse il dolce fratello; e le pene che Davide patìva, glielo rendevano ancora più prezioso. Volle dunque, di nascosto dal padre, ire a vederlo: e un uffizio santo, era forza compirlo di furto. Andò Gionata dunque: e in un recinto d'alberi, là dove la costa fa seno a mo' di vallicella, aspettò Davide, che nessun de' compagni ce lo vedesse. E quando lo vide, non avevan parole; e le tante preghiere e domande e consigli si perdevano in quel tumulto d'affetti; come ruscello che, commosso, non lascia vedere il fondo di sè. Ma vedendo Gionata che Davide era accorato, s'ingegnava il confortarlo; e per confortarlo diceva parole amare al suo proprio cuore. Non già che perdesse rispetto al suo padre; ma diceva a Davide che non temesse, che non cadrà nelle mani a chi l'odia; ch'egli era destinato a regnare; che lui, Gionata, si sottometteva a cotesto, sentendo che così Dio voleva. E dopo novelle promesse di mutua fede e pietà; dopo nuove raccomandazioni dell'uno e dell'altro che si badassero dai pericoli, si dipartirono; e Davide rimase nella foresta. Gionata ritornò nella reggia casa, casa disgraziata.

Ma taluni del paese di Zif vennero a re Saul e gli dissero: «Voi cercate, o signore, di Davide: or non si trova egli nel più folto della foresta, sul poggio d'Achila a mandiritta non si trova egli là? Venite, e darlo nelle mani del re sarà cura nostra». Si rallegrò Saul di torbida gioia, e: «Preparate le cose con cura: badate bene; tenete dietro ad ogni orma del suo piede; interrogate chi l'abbia veduto, e in che luogo l'abbia veduto. Egli sta all'erta sempre. Ricercate bene a uno a uno i nascondigli dov'è solito accovacciarsi; e ritornate da me a cosa certa e sicura, e io ci vengo. Si foss'anco imbucato sotterra, ne lo trarrò. Mi metterò sulle tracce degli abitanti di Giuda a uno a uno, per iscoprire la traccia di lui». Come diventa abbondante di parole re Saul quando si tratta dell'uomo odiato! Come benedice quelle spie fide e pie! Come le intenerisce della sua grande disgrazia; della disgrazia sua grande d'aver un nemico, e di non poter passare da banda a banda! Come si raccomanda a' montanari di Zif! Come si fa servitore delle spie! Come prega di disporre le faccende per bene, con prudenza e bravura per riuscire a che? Alla morte d'un uomo, dell'uomo a chi egli aveva sposata la propria figliuola. Come par gli dispiaccia che cotest'uomo si badi, che non si lasci, da buon suddito, fedelmente ammazzare! Come sa bene commettere a quelli di Zif che facciano, che trovino, che conducano sua maestà sopra luogo, a colpo bell'e sicuro! Come fa il bravo a promettere di volerlo cercare fin nelle viscere della terra, perchè spera che quelli di Zif gli rendono questo servizio di carità! Poteva egli re Saul raccomandare più fortemente a quelli di Zif, che gli trovassero un tesoro perduto? che gli riconducessero il genero, fatto schiavo da' nemici: che gli togliessero dalle fauci della morte la figlia? Ahi miseri noi! L'odio ha occhi più dell'amore; il piede che batte le vie del nuocere è più infaticabile del piede che cammina le vie del giovare: e alle opere brutte sovente l'uomo dimostra più pertinacia che non perseveranza alle opere belle. Oh abitanti di Zif, voi parete pur necessarii a certi potenti, come bastone al vecchio cieco. O abitanti di Zif, nell'orecchio vostro taluni pongono il proprio giudizio, e il destino e la gioia e la gloria. Quando finirà mai la vostra razza innumerabile o abitanti di Zif?

Davide lo seppe; e co' suoi secento era sceso nella solitaria e sassosa costa di Maon. Giuntane al re la novella, andò a quella volta. Era la solitudine di Maon dalla parte opposta a quella onde re Saul veniva, talchè Davide camminava co' suoi dall'un fianco della montagna, e Saul dall'altra; e l'una schiera beveva de' ruscelli scendendi a levante, e l'altra di quelli a ponente del poggio. Sapendo ormai il re per l'appunto ove Davide fosse, non aveva che a inviare dall'una e dall'altra strada soldati, i quali fasciassero il monte: onde da qualche lato sboccavano i secento, cadessero nelle mani del re, il quale aveva d'armati numero troppo più grande seco. Davide già disperava di poter fuggire dal rincontro di Saul: e già questi apparecchiava, quasi arco teso, l'ira sua tante volte delusa, come fame di belva.

Quand'ecco gli giunge correndo un messaggio: «Signore, presto! i Filistei sono in armi e irrompono». Saul allora lascia d'inseguire la sua preda, e corre addosso ai Filistei, e li sperde, e li caccia.

Vincere l'odio antico per ricordarsi della patria abbandonare la tanto sospirata vendetta per adempiere un debito sacro, è come fermare a mezzo la china, un masso che precipitava. Coloro che godono attenuare il merito delle azioni buone, come i debitori si argomentano di negare il debito, diranno che il pericolo del suo regno lo mosse a questa vittoria di sè stesso; diranno ch'egli bramava dimostrarsi a Davide e agli amici di lui atto anch'esso a domare il nemico. Io, quanto a me godo dal poter attribuire a merito d'umanità e di valore generoso quest'atto; perchè poter credere al bene è consolazione grande; e chi non ci crede, potendo, costui forse attrae a sè il male ch'egli ha sospettato. Credere che i men buoni non siano capaci d'azione o intenzione buona, è un calunniare la natura umana tutta quanta, un far torto a sè stesso, un condannare irremissibilmente sè stesso se mai cadesse.

IL DEBOLE CHE PERDONA

Il luogo dove Saul diede volta per correre sopra i Filistei (che, come segue, intendevano cogliere il destro delle discordie intestine per malmenare Israello), quel luogo fu detto Pietra del distacco, a memoria della grazia che Dio fece a Davide, e del merito che acquistò verso il suo popolo infelice re. Davide, ringraziando Iddio dello scampo come di miracolo, è a credere però che non godesse dell'avvenimento che n'era stato cagione, cioè dell'incursione fatta dall'armi nemiche; non ne godesse se non quando seppe della vittoria conseguita. Pare difficile non si rallegrare del male altrui, quando torni a comodo nostro; pare difficile cosa; ma è debita e necessaria a chi ha cuore retto.

Dalla solitudine di Maon se n'andò Davide nei sicuri luoghi d'Engaddi. E come Saul fu tornato dalla battaglia, e seppe ch'egli era nella solitudine d'Engaddi, se n'andò con tremila scelti da tutto Israello alla caccia crudele; com'uomo che smette per faccende la caccia, e, sbrigate, a quella ritorna. Poteva Davide tra que' burroni attenderlo al varco e co' suoi secento, rotolando massi e vibrando saette dall'alto, distruggere que' tremila: ma Davide, ubbidiente a' consigli di Samuele, e della coscienza propria e del cuore, riguardava con riverenza il padre di sua moglie e dell'amico prezioso suo; come se il sangue di Saul fosse sangue delle sue proprie vene. Il torvo re frantendeva cotesta generosità; la intendeva per paura, che il genero fuggisse dinnanzi alla sua maestà, come la paglia dinnanzi al soffiare del vento. E però corrergli dietro a quella maniera, lo stima un bell'atto di regio coraggio. E come chi va tentoni al buio, e a ogni rumore si volge or qua or là cercando; così re Saul per que' monti pigliava ora a diritta ora a manca: e pareva uomo preso da febbre smaniosa, che non trova luogo. Al vedere Davide, conoscente del paese alpestre, al vederlo mostrarglisi da una parte, e poi dietro alle macchie sparire, e ricomparire lontano su un'altura erta, lontano tanto che dal basso pareva non più grande d'un uccelletto che posa sul ramo, e una fronda lo cela; e al vedere il re dissennato seguitarlo, anelante a quel sangue, come cervo alla fonte; e, oppressandoglisi, rimanere deluso, perchè già la sua preda s'era levata di lì, e come sasso rotato, scesa già per iscoscesi pendii nella valle; al vedere cotesto giuoco incessante, quel povero re vi avrebbe fatto pietà, com'uomo uscito di senno. S'inerpicava per scogli dirupati, dove l'agile muffolo appena si slancia appuntando le corna; dove il verde rado e i pochi fiori che a state già matura fanno primavera lassù, piede d'armento non li preme mai, nè man d'uomo li coglie.

Un giorno, scendendo da quei precipizii a mezzo la costa, si abbattè Saul a una di quelle capanne dove la state il pastore riposa la notte badando alle pecore; e nel verno il viandante, andando da luogo a luogo per la solitudine, trova un po' di legna da sgranchiare le membra assiderate, e una pietra difesa dalla neve, ove posare il suo capo stanco. Era poco lontano di lì una spelonca profonda, la quale di dentro si partiva in due caverne, divise tra mezzo come da una parete di bianco e verde macigno. Entrò Saul per necessità del corpo in quella spelonca, e prese la caverna a mancina ch'era più indentro, e depose il suo mantello a man destra quasi sulla bocca della caverna. Or nell'altra a man destra era appunto nascosto con alcuni dei compagni suoi Davide. Questi videro il re venire; e a Davide, più con cenni che con parole, dissero che il momento alla fine era giunto. Davide si levò dal sedile cavato nel vivo sasso, dove stava col braccio reggendo la fronte, si levò, e prese in mano un coltello. I compagni di lui stringevan le labbra; e chi digrignava i denti, com'uomo ch'accompagna con l'anima un atto crudele; altri stavano attoniti di tanta risolutezza del sofferente guerriero. Davide va; ma, senz'entrare nella grotta a mancina, prende dall'un de' capi il mantello del re (il qual mantello era in luogo che Saul, volto in là, non lo poteva vedere), ne taglia un lembo, e ritorna senza parola al posto di prima. E anche questa gli parve irriverenza; aver, pure a mostra, levato il coltello sopra cosa toccata da Saul: e, quasi atterrito dell'altrui pericolo, recava la mano dal petto alla fronte. I compagni non intendevano se si pentisse dell'essere tornato addietro; se combattesse tra ira e pietà; ma egli, per torli d'inganno, a voce bassa e facendo cenno imperioso che tacessero: «Iddio m'aiuti, e ci aiuti tutti! io non farò mai cosa contro al signor mio consacrato, contro il re d'Israello. Non sarà sopra lui la mia mano: perch'egli è consacrato da Dio». E ai compagni, che non badavano a quel parlare, altri stimando il suo rispetto semplicità, altri finzione; e che danno di piglio all'armi per definire d'un colpo la lunga lite, Davide si mise innanzi, e con parole imperiose, con parole supplichevoli, con la preghiera degli occhi e col linguaggio della mano ora stesa a arrestarli, ora porta a blandirli, vinse l'impeto loro; come, a cominciar della pioggia, il vento cade.

Uscì re Saul; e ripigliava il suo cammino, guardando in alto e d'attorno se vedesse orma di Davide. Più al basso erano le sue schiere. Quando fu sceso alquanto, uscì Davide dalla spelonca, e gli gridò dietro con voce non tropp'alta, acciocch'egli non se ne adontasse come di minaccia o di vanto: «Signore e re mio». Saul si volge, e vide Davide in cima alla rupe. Dinnanzi a quella guerriera canizie di quell'uomo infelice, Davide si sentì commosso, e s'inchinò venerandolo. E guardando con occhi di mesta preghiera e con l'autorità dell'uomo innocente che soffre ed ama, gli disse: «Perchè date voi retta alle parole di gente che dicono: Davide vi vuol male? Ecco adesso con gli occhi vedete che Iddio aveva messo la vostra persona in mia mano là entro nella spelonca. A un tratto mi venne il pensiero ch'io vi potevo dar morte; ma lo respinsi da me. No; non stenderò la mano sopra il signor mio, perch'egli è consacrato da Dio Signore. Ecco, padre mio, ecco, guardate, quest'è la cocca del vostro mantello. Riconoscete che, nell'atto di tagliare un pezzettino del vostro manto, non ho voluto levare la mano contro di voi. Vedete che la mia mano è pura di male, ch'ella non vi ha fatto alcun torto, ch'io non ho mancato a voi, signore, in nulla. E voi mettete insidie alla mia vita! Giudichi Iddio tra me e voi. Ma la mia mano non farà per certo vendetta di me. Dice il proverbio antico: Esce crudeltà da' crudeli. Dunque il mio braccio mai non sarà contro di voi. Oh chi perseguitate voi, o re d'Israello? chi è quegli che voi perseguitate così? Un che non vi dà noia se non come farebbe un debole animale morto, o come un insetto. Il Signore sia giudice. Egli veda, Egli giudichi la mia causa, e mi liberi dalla mano nemica».

Poteva ucciderlo, e non lo tocca: poteva, dopo risparmiatolo, rinfacciargli la sua crudeltà, e della generosità propria menare vanto; trovar parole da ferirgli l'anima più che un coltello tagliente; di quelle parole che disfanno l'orgoglio, e poi lo risuscitano per disfarlo ancora, e rinnovano nella memoria cento volte al giorno il tormento. Incomincia dal chiamarlo signore e re suo, dal pregarlo che non creda alle lunghe artefici di discordia omicida. E, se parla un po' a lungo, gli è per commovere a poco a poco il cuore del re; chè l'affetto nelle anime indurate dall'odio è com'acqua viva, che corre, ma sotto una crosta di duro ghiaccio. E per questo gli parla a lungo, per far sentire all'anima di Saul la sua voce, quasi grido che s'allunga per giungere a orecchio lontano. Non gli parla come marito della figliuola sua: non gli nomina nemmeno Gionata, il suo come fratello, per non destare memorie di sospetto; perchè l'odio a un cenno s'irrita come la mania d'un demente. Padre lo chiama una volta; più d'una, re. E se gli dice pur chiaro: «Io vi potevo dar morte, e v'ho risparmiato», lo dice perchè gli uomini non generosi non dànno credenza all'altrui generosità; e paiono stare a questa scuola come ragazzi svagati e come uomini mentecatti. Da ultimo non può a meno Davide di parlargli di Dio; e chiama Dio testimone del vero, e giudice della lite: tra il suo ferro levato e il nemico inerme, egli colloca Iddio come scudo all'inerme nemico.

Nelle parole di Davide il cuore di Saul si ammolliva a poco a poco in sè stesso; come neve, tocca dal sole di maggio, comincia a struggersi per dar luogo al verde e ai fiori che, quasi bambino nel seno materno, aspettano ch'ella ceda. E quando Davide ebbe finito di dire, Saul, dopo un breve silenzio, come aspettando altre voci, e poi per raccogliere il proprio pensiero, gli disse: «Non è egli questa la tua voce, o Davide figliuolo mio?». E nel voler profferire a voce alta altre parole, non potè più; lagrimando sedette sul masso, com'uomo stanco; e soggiunse: «Tu sei più buono di me, Davide: tu m'hai fatto del bene; e io resi male a te. E oggi m'hai dimostrato che non mi vuoi male, ma bene; chè Dio m'aveva messo nelle mani tue, e non m'hai morto. Difficile incontrare un nemico, e lasciarlo ire in pace. Ti renda il merito Iddio, di questo che hai fatto oggi, o Davide, verso di me. Ora vedo certissimo che il regno d'Israello deve alle tue mani venire. Giurami, o Davide, nel nome del Signore, che non disperderai la mia discendenza, che il nome mio e del padre mio non morrà in Israello». E lo giurò Davide a Saul. Ritornò Saul a casa; Davide co' suoi n'andò altrove, per assicurarsi da nuovi pericoli.

Ma perchè non lo richiama il re a vivere seco? Non osò proporre a Davide che, dopo tante insidie si fidasse di bel nuovo; e temette forse sè stesso e la propria passione, che, quasi furore, non lo ripigliasse, e non lo traesse a nuovo tradimento. O nella confusione di quel riscontro, non gli cadde in mente a lui disusato dalle accoglienze affettuose, di fargliene motto. A ogni modo, vi lascio pensare quanto avrà gioito di ciò Gionata, l'amico suo; e quante cose dal tempo sperate sempre migliori. Ma Gionata forse, per non offendere il padre, non gli avrà nemmen detto quella parola che pur dal cuore gli veniva tante volte alle labbra: «Vedete, padre mio, che Davide ha l'anima generosa».

PARTI UGUALI

Qui Davide fece una cosa la quale lodare sarebbe fallo. Per salvarsi dalle insidie di Saul, andò ad Achi, quale re di Get, nemico d'Israello e gli chiese di poter nella città di Siceleg co' suoi secento, abitare. E ad Achi non parve vero. Ma coi nemici della patria non sono da prendere impegni, nè profferte accettare. Davide fece peggio. Usciva co' suoi secento a guastare il paese degli Amaleciti e d'altre genti nemiche a Israello; e tornavano ad Achi; e si dava vanto d'aver guastate le terre dello stesso Israello. Egli mentiva per farsi stimare del popolo suo, e che il nemico del popolo suo si fidasse di lui. Questa bugia, Davide la pagò cara assai[1]. Dopo quattro mesi avvenne che i Filistei prepararono guerra contro Israello: e Achi disse a Davide, tenendolo omai per servo fedele, gli disse che aveva anch'egli in sua compagnia a far la guerra. Le tende de' Filistei erano in Afer; e quelle di Saul in Gelboe presso una fonte. Davide co' suoi secento stavano nell'ultima schiera intorno a Achi re. Or i capitani dell'esercito filisteo, parte per astio, parte per sospetto, incominciarono a dir male di Davide. Achi lo proteggeva: ma essi vollero senz'altro che quel forestiero se n'andasse, temendo non forse nell'atto del combattere si rivoltasse loro contro, per ingraziarsi di nuovo a Saul, suo suocero e re. E soggiungevano: «Non è costui forse quel Davide di cui le giovanette danzando cantavano: - Vince Saul mille, e Davide diecimila?». Il re fu dunque costretto di congedare David, col quale i Filistei non volevano a nessun patto trovarsi. Ecco quel che si guardavano a mutare bandiera: che nessuno ci crede.
Davide dunque co' suoi si partì: e s'avviarono alla volta di Siceleg. Ne' giorni ch'egli era via, gli Amaleciti vennero in quella città; la assalirono dal lato di scirocco, la presero e arsero, e menarono tutti in schiavitù gli abitanti. Nessuno ne uccisero: ma tutti menarono seco in mezzo agli armati come pecore e buoi di preda. Ritornano Davide e gli altri a Siceleg, e

vedono la caligine del fumo grave, i tetti mezzo atterrati, le mura ignudi e
nere dal fuoco; le vesti note delle mogli e de' figliuoli stracciate e sparse per
la via; silenzio da ogni parte, rotto dal crollare delle travi e de' solai rovinati;
ma non traccia di sangue, non cadavere sepolto sotto le macerie, nè voce di
persona rimasta alla schiaccia. Gridavano per le contrade deserte, cercavano
per le case, piangendo tutti altamente. E tra il dolore, quegli uomini fieri, si
volsero corrucciati contro Davide che li aveva tratti a quella guerra e lasciate
in abbandono le loro famiglie; e volevano lapidarlo. Questa mercede ebbe
Davide del voler al nemico: la vergogna dell'essere rigettato da esso nemico,
poi la vergogna e il dolore de' rimproveri da' suoi militi stessi.

Ma, fattosi animo, e invocato il Signore, deliberò d'inseguire gli Amaleciti e
tor loro di mano la preda. Si misero in via con ansia affannosa: e il pensiero
continuo di quel che intanto patiranno le mogli e i figliuoli schiavi, li
affaticava più che la stessa stanchezza. Giunti al torrente di Besir, parte non
ne potendo più, ristettero; dugento stettero e Davide con gli altri
quattrocento seguitava il cammino. Incerti del dovere, ritrovano in mezza
alla campagna un Egiziano disteso per terra; e gli fanno cenno di reggersi a
rispondere; ma quell'infelice, che da tre giorni e tre notti non aveva nè
mangiato pane nè bevuto un sorso d'acqua, giaceva sfinito. Lo sollevarono
come morto, gli diedero un po' d'acqua; poi un po' di pane; poi, quando
cominciò a rinvenire fichi secchi e uva passa: chè altro lì non avevano.
Quando si fu riavuto, Davide gli domandò: «Di dove sei tu? Donde vieni e
dove vai». E quegli disse: «Sono di terra d'Egitto, servo d'un uomo
amalecita: che il mio padrone mi abbandonò qui da ier l'altro che mi sentii
male, e non gli potevo tenere dietro. Siamo venuti da scirocco, e abbiam
saccheggiato in quel de' Filistei e nel paese di Giuda, prese Siceleg e arsa. E
si veniva di là». Davide a lui: «Potresti tu condurmi là dove son quella
gente?» E l'uomo rispose: «Giuratemi al nome di Dio, che non mi volete
uccidere, né dar nelle mani del mio signore; e io vi ci guido». Davide lo
assicurò: e s'avviarono.

Voi che leggete, vi verrà subito pensato: Ha egli fatto bene quest'uomo a
additare dov'era l'esercito con la preda? S'egli l'ha fatto per liberare da
schiavitù e da strazii del corpo o dell'anima tante creature innocenti, per
rendere tante povere donne a' loro padri, mariti, fratelli, per ricomporre
tante famiglie lacerate come si straccia un leggier velo e s'insudicia e
strascina per le terre; certo ch'egli ha fatto bene se con questa intenzione s'è
per dato per guida a Davide. Ma se lo fece per disamore e dispetto degli
Amaleciti padroni suoi, per vendetta d'essere stato, come una bestia morta,
abbandonato infermo, dolente, nella campagna; se lo fece per aver da
Davide salvezza e aiuto e mercede; allora la sua è opera di servo abietto e di
traditore. Non doveva cotesto disgraziato, per prima cosa, patteggiare con
Davide che sarà né ammazzato né dato ai nemici padroni suoi: doveva fare
quello che l'umanità richiedeva e dire la verità. Ma questo era atto di difficile

virtù, rara molto. Scusiamo quell'Egiziano infelice se non seppe usare generosità pura d'ogni timore e speranza quando vediamo che Davide stesso non sempre seppe essere generoso. E chi sa che nell'anima di quell'Egiziano infelice il pensiero di sé medesimo non si sia confuso con la coscenza del fare un bene a que' poveri prigioni, confuso in maniera ch'egli non avrebbe saputo distinguere queste due cose?

Ecco intanto quel che guadagnò l'Amalecita crudele ad abbandonare in via un servo infermo così. Pensate un po' le preghiere che avrà sparse indarno quell'uomo sull'atto d'essere deserto; come invocata la pietà ora di questo, ora di quello, e di tutti; e di che grida avrà fatto risuonar la campagna, e perseguitati col lamento coloro che spensierati se n'andavano via, meditando la dovizia della preda. E quando, allontanatisi, non han più sentita la voce di lui sarà parso a loro d'aver discacciata da sè il ronzio d'un insetto molesto. Ma il dolore di quel povero forestiero fu come una striscia di sangue che, dal luogo dov'egli giaceva, segnò lunga traccia infino al luogo dove gli Amaleciti predatori furono colti dal ferro di Davide.

Furono colti che stavano mangiando e bevendo, e facendo gran festa delle spoglie prese sì dalla terra de' Filistei e sì dalla terra di Giuda. Tumultuosa allegria, somigliante al suono confuso di torbide onde, o al canto roco d'uomo che abbia la voce dal vino ingrossata e tremante. Mista ai frizzi le ingiurie, e il fremito al ghigno, e ai giuochi le risse; e le bestemmie interrompevano le mal sapute canzoni. Chi gode piaceri troppo facili e male acquistati, ha mal godimento. Vennero improvvise su quella baldoria, come gragnuola su mèsse matura le spade de' compagni di Davide. Gli Amaletici confusi, chi cerca l'armi sue gettate per terra o sospese ai rami degli alberi; e nel cercarle è trafitto; chi, dalla crapula sbalordito, tentenna, e stramazza senz'urto: l'un nell'altro dànno di cozzo, e non discernono nemici da amici: le vivande e le vesti tinte di sangue. Davide e i suoi con le grida aiutano il terror delle lancie: le donne e i fanciulli prigioni gridano anch'essi, incuorandole alla caccia, e pregando Iddio che al loro braccio dia polso. I rubatori si cacciano adesso fra' poveri prigioni, pur dianzi scherniti, che con l'ombra loro li salvino; e gl'Israeliti dovevano, nel mirare al nemico, por mente che nessun de' prigioni toccasse ferita.

Fu lunga la strage. I morti quasi manne sul campo giacevano a mucchi. Quattrocento giovanetti montarono sui cammelli e fuggirono. Or che costava a quel signore amalecita gettare sul dorso d'un cammello quell'Egiziano servo, chiedente pietà? Tanto poco ci vuole talvolta a fare un'opera buona e a liberarsi da un grande pericolo! I prigionieri rapiti da Siceleg, furono tutti salvi, dal vecchio al bambino; salve le più tra robe di pregio. Molte anco le pecore e i buoi dal nemico rapiti in terra di Filistei; e li mandò Davide innanzi al suo piccolo esercito, come in trionfo. E ritornarono al torrente dov'erano restati i dugento stanchi, restati per cenno di Davide stesso. I quali vennero incontro a' compagni: e Davide primo, appressatosi ad essi li salutò con maniera affettuosa. Ma tra i quattrocento combattitori parecchi erano gente rotta, avida più di lucro e di risse, che desiderosa di concordia e d'onore. E costoro cominciarono gridando a dire: «A quelli che non sono stati con noi, non s'ha a dare nulla. Rendiamogli a ciascuno la sua moglie i figliuoli; e anche di questi ringrazino il valore nostro. E poi basta». Davide, vergognoso per loro, e dolente d'avere tali compagni, dissimulava il risentimento per non aggravare il male; e con buone maniere diceva: «Fratelli miei, noi faremo migliore uso, spero, de' beni dati da Dio, il quale ci ha dato la forza di vincere. Non vi fate sentire con cotesti discorsi che nessun uomo di cuore potrebbe ascoltare con lieta faccia. Ugual parte avrà e chi combattè e chi guardò le bagaglie: ogni cosa sarà giustamente distribuita». E da quel giorno, siffatto modo diventò consuetudine in Israello, stabile e ferma. Nè solamente divise tra i secento la preda; ma parte ne rimandò a que' del paese di Giuda che dagli Amaleciti erano stati rubati (giacchè non poteva nominatamente conoscere di chi ciascuna cosa fosse): così dimostrando che il cuor suo era pur tuttavia con il popolo d'Israello.

NOTE

[1] Non tutte sono d'uguale gravità le menzogne; non ogni nascondimento del vero è sempre colpa. Ma la legge evangelica ha perfezionata anche in ciò la mosaica; ha resa l'umana coscienza più cauta insieme e più sicura, più delicata e più dignitosa.

GENEROSITÀ PERSEVERANTE

Come al risoffiare de' venti freddi la primavera si nasconde timida, e il sole perde della sua dolce virtù in questo povero minuzzolo di pianeta; e le nevi, cominciatesi a sciogliere, indurano ancora, e fanno precipitoso il cammino al viandante stanco, e ritardano la speranza dell'erba novella alla pecorella dimagrata e al villanello famelico ignudo; così nuove ire invide soffiarono a re Saul nell'anima, e raffreddarono quel primo dolce calore d'affetto, d'affetto poetoso più a lui stesso che ad altri. Arrabbiava seco stesso d'essersi confessato minore a Davide; arrossiva dell'avere arrossito: avrebbe, per cancellare la memoria di quel momento, voluto distruggere non so che facoltà dell'anima propria. Forse richiedeva che il genero gli si desse nelle mani; forse richiedeva che si distaccasse da que' suoi secento, i quali a lui saran parsi tutta gente perduta; e forse quel che si volesse, non sapeva egli stesso.

Quand'ecco da capo gli abitanti di Zif che vengono a Gepsa a Saul, e con umile faccia e con gli occhi vispi e pieni di liete novelle, gli dicono: «Dovete sapere, signor nostro, dovete sapere che Davide è sul colle d'Achila, rimpiattato co' suoi, rimpetto al deserto a man ritta, è lì Davide, se lo volete». Ma perchè dunque Davide, conoscendo il mal servigio resogli dagli abitanti di Zif, perchè bada egli ancora a rimanersene nel deserto di Zif? Perchè gli uomini schietti amano qualche volta correre pericolo piuttosto che diffidare degli altri perpetuamente. Il diffidare è noia agli uomini schietti e avvilimento: poi, temono che il sospetto li facci rei di calunnia. Perchè quel medesimo che dieci volte ha tradito, può essere che all'undecima, quando appunto io ho sospetto di lui, non pensi a tradire: ond'io gli fo torto, e pecco a Dio, sospettando così. Nondimeno, altro è credere fermamente ch'altri voglia far male; altr'è, nel dubbio, tenersi cauto. Fatto è che, all'avviso, Saul, come cane alla voce del padrone (perchè veramente le spie son padroni di chi loro dà retta), Saul con tremila mosse verso il deserto che mena ad Achila. Davide lo riseppe dalle vedette che stavano per le cime. E quando la notte fu buia, scese con due suoi compagni, senza ben risolversi a che. I lumi del campo, che prima luccicavano per il deserto come poche stelle in cielo freddo e nuvoloso, e lo facevano vieppiù mesto a vedere, erano tutti spenti. Non canti di guerra, non bisbiglio di voci, nè scalpiccio di piedi, nè scalpitar di cavallo: ma tale una quiete muta, che udivi il russare de' guerreri più prossimi, e tra le felci giallicce il passare del vento. Disse Davide a' due ch'eran seco: «Chi di voi fra tenda e tenda entra meco insino a Saul?». «Vengo io», disse Abisai, figliuolo di Gervia e fratello di Gioab. Si misero dunque Davide e Abisai fra le tenebre, ma non sì che non discernessero innanzi a' lor passi le cose: e passavano tra la turba, tutt'intorno giacente come cadaveri d'uomini morti, passavano ora cansando un fascio di lance ritte l'un all'altra a contrasto, ora un cavallo giacente, ora un uomo che sta col petto scoperto e le braccia distese per la terra come su largo letto di piume: passavano cansando gl'inciampi, come fa per la china il ruscello che or volge a destra le docili piccole onde, ora a manca, secondo che l'incontra di qui o di lì un masso ignudo, o un'isoletta di pianticelle allegro-verdeggianti: passavano cauti ma risoluti, com'uomini destri a schivare pericoli, ad abbaccare fossi, a correre su tremole travi che accavalciano il torrente, a saltellare quasi in danza su ponte di taglienti macigni. Davide andava innanzi, Abisai dopo. Così vennero alla tenda di pelli tesa per riparare i sonni del re: e videro Saul che giaceva sopra pelli distese, e aveva da capo la lancia confitta in terra. Abner, il primo de' suoi, dormiva non lontano, e altri capitani qua e là. Guardò Davide l'infelicissimo re, sepolto nel sonno; al quale forse sogni di vendetta adulavano l'odio della mente; e ineffabile pietà lo strinse in veder quella faccia solcata da rughe di lungo patimento, quelle labbra contratte dal frequente fremito, que' capelli incanutiti dai disagi, dalle guerre audaci, e dal fuoco dell'anima tormentoso; quell'anelito d'infermo affannato, quel braccio possente che spenzola lento; quell'occhio ardente, ora spento sotto le aggrinzate palpebre, e che non si sarebbe, se Davide volesse, riaperto al sole mai più. Com'è malinconica la vista dell'uomo nel sonno! Come vengono a galla in quella calma i dolori nascosti nel fondo dell'anima, quasi avanzi di cadavere ingoiato dall'acque! Come la verità trasparisce da questa misteriosa imagine d'un più grande mistero, la morte! Davide stava immoto, quasi legato da letargo grave le membra: ma Abisai lo scosse, e col cenno disse di voler dar di piglio alla lancia stessa di Saul e inchiodarlo a terra. Ma Davide con occhio minaccioso lo rattenne, e prese l'asta che era da capo, e la coppa che il re beveva per via l'acqua della fonte; e se ne uscirono: e uscirono senza che alcuno s'avvedesse di loro, perché tutti stanchi dall'andare errando per quel deserto sì aspro; e coloro stessi che tra la veglia e il sonno avranno sentito passare que' due, non imaginando mai tanto ardire, e non sentendo rumore più forte, avranno richiusi gli occhi e copertisi col ruvido gabbano dalla guazza notturna. Iddio permise così. Un fremito dell'aria che percuotesse più addentro negli orecchi d'un solo di que' tremila, ed ecco Davide morto, e mutate le sorti del popolo d'Israello. I miracoli delle cose che non accadono, sono più grandi che quelli delle grandi cose che accadono; in quelli più che in questi, se li conoscessimo apparirebbe, con la bontà, la divina potenza.

Allontanatisi un poco, Davide cominciò a persuadere ad Abisai, che era ben fatto quanto egli aveva fatto; giacché gli atti generosi, al parer di taluni, sono stranezze da doversene discolpare; son furti fatti alla giustizia divina, a questa bella società civile, e a noi stessi. Dunque Davide s'ingegnò di dimostrare ad Abisai che lo stendere sopra Saul la mano omicida sarebbe stato atto reo; che Dio poteva, quando a lui piacesse, togliere la vita a Saul o per malattia o in battaglia; ma non l'avrebbe mai toccata egli, Davide. Voi direte: Se a quell'Aod fu lecita cosa, anzi merito, uccidere quell'Eglon re moabita; or perché non a Davide uccidere Saul? Vi rispondo che il re moabita era uno straniero il qual non aveva sopra il popolo d'Israello diritto veruno, e nessuno ce l'aveva chiamato, e nessuno ce lo poteva patire. Ma Saul era stato, col consenso della nazione, creato re, e confermato con cerimonia religiosa; e quantunque egli avesse fatto crudelmente ammazzare tanti innocenti, e perseguitasse Davide suo genero non l'aveva tuttavia la nazione rigettato da sé. Onde se Davide gli avesse, per vendicare i torti proprii, o mosso guerra, o tolto la vita; oltre al confondere ingenerosamente le private offese sue con le pubbliche, egli veniva ad accendere dentro del paese una guerra della quale l'esito non si poteva antivedere. E tanto è vero che la nazione non s'era divisa da Saul, ch'egli aveva più di tremila uomini armati seco; Davide non più di secento, e taluni di costoro tribolati e spintati; e si nascondeva per luoghi remoti. Ma cotesto non toglie il merito grande dell'aver sotto il taglio della spada, sotto la punta dell'asta l'uomo che m'ha fatto tanto male, e che sta per farmene, e non lo toccare, e impedire che altri stenda la mano sopra di lui.

Quando fu l'alba e che per il campo di Saul cominciavano i sommessi rumori di gente che si risente dal sonno; e già nel bianchiccio del cielo si discernevano come in rilievo le brune cime de' monti; Davide salì in cima a un poggio dove lo potessero vedere dal campo, per intervallo di distanza sicura; e diede un grido, che alzassero gli occhi a lui tutti gli armati di sotto: e quando li vide rivolti in su tutti, chiamò a nome Abner figliuolo di Ner, e lo chiamò ancora, e gli disse «Abner, che! non rispondi?» Abner rispose e disse: «Chi se' tu costassù che gridi e dai noia al re?» Davide a lui: «Non sei tu forse il prode di tanta fama? e chi pari a te in Israello? Or come gridi tu il guardi tu il re signor tuo? Entrò uno stanotte nella tenda per uccidere il re tuo signore. Tu qui non hai fatto da prode. Al nome di Dio, siete voi costì gente morta, che non sapete difendere il signore vostro? Or guarda un poco dov'è l'asta del re, e dove la coppa sua dell'acqua, che gli era da capo stanotte».

Poteva Davide questa seconda volta, se non la prima, menar vanto dell'atto generoso o farne come un guanto di ferro da schiaffeggiare con raffacci la faccia del re: poteva, non dico, scrivergli una lettera amara (allora non usava le lettere tanto), ma dall'alto del poggio, nella presenza di tutta la soldatesca ascoltante, chiamare il re, ribelle alla giustizia, dinnanzi a Dio, giudice e re supremo. E' rivolge i suoi rimproveri contro Abner, il superbo ministro, il consigliere di crudeli superbie; e non tanto forse per punirlo delle male sue arti, quanto per riscuotere la sua negligenza e insegnargli a custodire un po' meglio la vita di Saul. Conobbe Saul la voce di Davide, e disse: «Non è questa la tua voce, o Davide, figliuolo mio?». Disse Davide: «Sì, mio signore e re, è la mia voce». E soggiunse: «Per che ragione il mio signore perseguita il servo suo? Che ho io fatto, e che ingiustizia è nelle mie mani? Or ascoltate, prego o re signor mio le parole del servo vostro. S'egli è il Signore che muove voi contro me, la mia rovina sia pure un sacrifizio offerto al Signore; ma se i figliuoli degli uomini son che vi aizzano, ah costoro fan opera maledetta al cospetto di Dio; che m'hanno diredato dell'eredità del Signore, m'han messo fuori, e detto: Va, servi agli dei forestieri. Ma non sarà mai cotesto. Non fate, o re, che si sparga dinnanzi a Dio il sangue mio sulla terra. Il re d'Israello è uscito in arme, in cerca d'un misero insetto; e perseguita me come si perseguita un misero uccello selvatico per monti». E Saul a lui: «Ho fallato. Ritorna, Davide, figliuolo mio: che non ti farò più male mai, dacchè la mia vita oggi fu cara e pregiata negli occhi tuoi, sento che ho disavvedutamente operato verso di te, e che di molte cose, com'erano, non sapevo».

Davide alle promesse, alle confessioni, all'invito del re non risponde: e questa è sovente la miglior via per cansare rimproveri di torti antichi, e per causare pericoli di nuovi torti. Ma senz'altro gli dice: «Ecco l'asta del re. Salga uno de' servi del re, che la prenda. E il Signore renderà a cascheduno secondo la bontà e la schiettezza de' suoi pensieri. Iddio v'aveva posto in mia mano e sapete com'io mi son portato, signore verso di voi. E siccome io ho oggi avuta cara e preziosa la vita nostra così Dio abbia cara la mia, e da ogni male mi liberi».

Aveva Davide al re tolta l'asta, come per dimostrarsi valido a torgliergli l'arma di mano: ma poi glie la rende, per lasciare che la sua coscienza e Dio Signore gli disarmino meglio che la mano di lancia, l'animo d'odio; arme che si rivolge contro chi l'usa, come scioppo che scoppia e atterra l'archibusiere. Allora Saul disse a Davide: «Figliuol mio, le opere tue saranno fatti veri, e la potenza tua vera potestà».

A questo segno riconosce Saul, quantunque invido nemico, riconosce che Davide è destinato da Dio a grandi cose; a questo segno, ch'egli è generoso, che la vita e le cose del nemico hanno un pregio negli occhi di lui. E la generosità veramente è l'ottimo degli augurii presso degli uomini, e dinnanzi a Dio la più efficace preghiera. Onde ben fa Davide a desiderare che Dio così gli abbia misericordia come egli usa misericordia a chi l'offendeva. Nelle quali parole è inchiusa, come in germe, la santa preghiera che Gesù c'insegnò: Padre nostro, rimettete come noi rimettiamo. Ma in questa preghiera di Gesù buono il germe è cresciuto in grande pianta che porta perpetuo il fiore coi frutti.

IL VINCITORE DOLENTE

Passato il primo dispetto del vedersi con diffidenza rigettato dal campo de' Filistei, Davide rientrando in sé stesso, avrà senza fallo benedetta la loro diffidenza che lo salvava dalla vergogna di combattere contro Gionata suo fratello, e contro la nazione sua madre. E quando i Filistei erano per venire con Israello alle prese, il cuore di Davide avrà pensato con tremore e con rimorso ai capelli insanguinati di Saul, al petto ferito di Gionata, alle morti di coloro che tante volte avevano in sua compagnia incontrata la morte. Bramava andare a soccorrerlo: ma Israello lo avrebbe, dopo la sua fuga tra' Filistei, temuto nemico, e sempre più confusosi nello sgomento. Vinsero i Filistei: si sbandò per la china del monte l'esercito d'Israello. I feriti barcollavano come uomini presi dal vino; e precipitavano alfine, misero inciampo agli altri fuggenti. Perirono, combattendo, i figliuoli di Saul, Abinadab, e Melchisia, e Gionata il valoroso: che tutti e tre con le loro schiere accorrevano or qua or là intorno al padre, come madre intorno ai figliuoli; bramando d'aver cento vite ciascuno da spendere per quella così cara vita. Gionata morì benedicendo Iddio che tra le armi nemiche non avesse mai avuto a rincontrare il petto di Davide; morì lieto quasi di non vedere l'ultima rovina de' suoi senza poterne alleviare l'ambascia.
Uccisigli i tre figliuoli, tutto lo sforzo della battaglia, come sasso che dal cadere piglia impeto, piombò contr'esso. Una schiera di saettatori valenti lo incalzan; e il suo scudo era grave di frecce confitte: seminata di dardi la terra. Il re, ferito, non poteva più combattere nè ritirarsi. Allora chiamò il suo scudiero: «Prendi la tua spada, uccidimi; non venga il nemico a fare strazio e scherno di me». Ma lo scudiero non volle; e la pietà col terrore l'aveva come tratto di sè. Allora Saul diè di piglio alla spada, e le s'abbandonò sopra con tutta la persona. Lo scudiero, vedendo cadere il signor suo, disperato volse il ferro in sè stesso.

E' poteva e doveva serbarsi per dar prova di fedeltà e di valore ai sopravviventi della regia disgraziata famiglia, abbisognante ormai della misericordia de' più miseri tra' suoi servi.

Poteva Saul volgere il pensiero agli anni passati, coprire i suoi torti col pentimento; poteva innalzare gli occhi al cielo, e, soffrendo questo scorno come ammenda de' suoi folli orgogli, sperare nel Re ch'è Signore vero, pio non meno che grande. Ma l'orgoglio l'aveva come rannicchiato in sè e non pensava a tanti innocenti morti, a tanto pericolo del popolo datogli in custodia da Dio; non sentiva che sè.

Que' del popolo d'Israello, ch'erano di là dal Giordano, al vedere la strage e la rotta, abbandonarono le loro città, nelle quali i Filistei fecero impeto. Il giorno dopo tornarono essi Filistei sul monte di Gelboe per ispogliare gli uccisi; e, trovato Saul e i suoi tre figliuoli, tagliarono il capo di Saul, e spogliarono delle armi il corpo; e per tutto il paese mandarono della vittoria novelle. L'armatura posero in un tempio degl'idoli loro; lasciarono appiccati a un muro il cadavere suo e de' suoi figli. Quand'ebbero udito ciò gli abitanti di Jabes in Galaad, e quel che il nemico fece dell'infelice re che li aveva un tempo soccorsi valentemente; i più coraggiosi tra loro, tutti d'accordo si misero in via, camminarono la notte, e presero il cadavere di Saul, e i cadaveri de' suoi figliuoli, dal muro di Retsan, e tornarono a Jabes, e li seppellirono nella foresta; e, come ho detto, con pubblico lutto digiunarono sette dì.

Erano due dì che Davide, ritornato da Siceleg, se ne stava ignaro de' fatti accaduti: quand'ecco, il terzo dì, venire dal campo di Saul un uomo con le vesti stracciate, e tutto polveroso i capelli e, giunto, a Davide gli s'inchinò fino a terra. «Di dove?». - fa Davide; quegli: «Dal campo d'Israello». Davide a lui: «Che c'è? dimmelo». E l'altro: Israele è in fuga; morti di molti. Anche Saul e Gionata, morti». Davide, attonito alla novella, e non credendo ancora, domanda: «Come lo sai?» Risponde: «Venivo per caso dal monte di Gelboe: e Saul, abbandonatosi con tutto l'empito della persona sulla sua spada, e trafittosi, combatteva con la morte in tristo modo a vedere. E i carri e i cavalieri nemici sentivansi già. Nel dibattersi, e' volge gli occhi, e vede me che passavo guardandolo con terrore; e mi chiama. Rispondo: eccomi. Dice: Chi sei tu? E io a lui: Io sono un Amalecita. Allora mi dice: Vieni e finiscimi. Ho angoscia di morte e sento tutta la vita in me. Andai, e gli rifissi la spada, e l'uccisi perchè sapevo che già e' non sarebbe potuto vivere dopo quella rovina. E presi la benda di re, ch'egli aveva intorno al capo; e l'armilla del braccio, e l'ho portata, signore, (eccola), a voi». Davide non diede mente a cotesto; ma, come le parole di quell'uomo si approssimavano alla morte di Saul, così Davide si mutava tutto in volto; e prese a stracciarsi le vesti di dosso, e levò grido di pianto co' suoi più fidati, e digiunò fino a sera dal dolore sopra Saul e sopra il figliuolo di lui, e sopra il popolo del Signore, e sopra la famiglia d'Israello umiliata, e tanti prodi periti di spada. Il dolore del caro suo Gionata abbracciava anco il padre; e la pietà del popolo per cui Davide aveva combattuto tanti anni, copriva, quasi gran manto, la testa del re suo nemico. Poi, le anime non cattive si commuovono sui caduti, per cattivi che siano; e pensano con terrore alle vicende umane, e a' giudizi di Dio, che vengono or come messaggero notturno, ora come guerriero che armato sfida a battaglia l'anima sprovvista. La qualità della morte lo conturbava di spavento; in pensare alle lunghe ambasce dell'agonia, a quel combattere di tutta intera la morte in corpo robusto e in un ispirito presente a' proprii danni e rimorsi.

Davide, richiamato ch'ebbe il giovane messaggero, e con ansietà veloce interrogatolo d'altri particolari della battaglia, domandò: «Di che luogo sei tu?». Il quale rispose: «Sono figliuolo d'un Amalecita, di lontano di qui». E Davide dice a lui: «Perchè non hai tu temuto di metter mano a uccidere il consacrato da Dio?». Chiamò Davide uno de' suoi e comandò che uccidesse l'Amalecita, e: «Il tuo sangue, disse, sia sopra il tuo capo; chè la tua bocca ha dato la tua sentenza, dicendo: Al consacrato da Dio diedi morte». La morte dell'uccisore non faceva già vivere Saul, nè Gionata il buono; ma a que' tempi era molto frequente la pena del sangue, la quale, col procedere del vero sentimento cristiano tra' popoli della terra, andrà sempre più diradando. Il sole del cristianesimo risplende inestinguibile in alto; ma le nubi e le nebbie della terra, e il fumo, l'offuscano agli sguardi nostri; e coloro che stanno sepolti in valle profonda, lo vedono tardi e poco; e non pochi chiudono gli occhi e le finestre per non ne scorgere il dolce lume. A Davide dolse e la novella e il tristo servile modo come quell'Amalecita nemico glie la recò; il quale sperava premio e dell'annunzio e del fatto; e, portando a lui la benda reale del capo di Saul, pareva dire: «Io ho fatto cosa a voi cara, a uccidere il vostro nemico». E così segue nel mondo: che vi recano il male altrui come imbandigione squisita; ve l'annunziano perchè credono che ci abbiate piacere e, adulando tanto crudelmente, vi umiliano e addolorano a fondo. L'Amalecita s'era come gloriato dell'aiuto accordato a Saul a morire; e di questo principalmente intese Davide fargli portare la pena.

Or, perchè il canto degli uomini ispirati da affetto è naturale sfogo del dolore ancora più che dell'allegrezza, Davide, poeta grande, fece una canzone che piange di Saul e di Gionata; e volle che il popolo la apprendesse e cantasse; che diceva così: «Pensa, Israello, a coloro che trafitti morirono sulle tue cime. I prodi d'Israello furono sulle montagne tue uccisi. Deh come caddero i forti! Non lo dite in Get, non ne spargete novella per le vie d'Ascalona; che non gioiscano le figlie de' Filistei, le figlie degli impuri non n'abbiano a menare vanto. O monti di Gelboe, nè rugiada nè pioggia venga su voi; di primizie sian poveri i vostri campi: perchè quivi cadde lo scudo de' forti, lo scudo di Saul, come se cosa sacra non fosse. Da' robusti petti nemici non rimbalzò mai a vuoto la saetta di Gionata; non ne ritornò mai digiuna la spada di Saul. Saul e Gionata, cari e degni d'amore in vita non li divise la morte più veloci delle aquile, forti più de' leoni. Oh figlie d'Israello, piangete di Saul che vi vestiva di vermigli panni delicati, e adornava di vezzi d'oro. Come caddero i forti in battaglia! Gionata sulle alture tue giacque morto. Mi duole di te, mio fratello, gentile tanto, degno d'amore sopra ogni più grande amore. Come caddero i forti, e si spersero l'armi possenti di guerra!».

Quando fu Davide riconosciuto per re di Giuda, gli vennero a dire come gli uomini di Jabes in Galaad avessero dato sepoltura pia a Saul e a suoi figli. E chi gliene disse, credeva forse provocare su questa eletta gente lo sdegno del re novello; perchè quel ch'è fatto ad onore de morti, taluni lo prendono come onta de' vivi. Davide, riconoscente a quelli di Jabes che operarono verso Saul come verso padre diletto, e verso Gionata come fratello; e onorandoli in suo cuore, che in mezzo alla fuga e alla paura comune fosse corsi, come famelici al cibo, al pericolo, per memoria d'un antico benefizio, e per compassione di chi non poteva più rendere loro nel mondo vantaggio nessuno: Davide mandò messaggi agli uomini di Jabes in Galaad, e disse loro: «Benedetti voi dal Signore che avete usata questa carità gentile a Saul, signor vostro, e onoraste le spoglie sue di sepolcro. Certo che Dio vi renderà merito di questa giustizia misericordiosa; ma dell'atto pio vi renderò guiderdone anche Davide».

Domanderà forse taluno chi è avvezzo a sospettare il male laddove appare il bene, e che getta via il liquido puro per vederne e assaggiarne la posatura come delizia, domanderà: Era egli sincero cotesto dolore di Davide? Io dico che sì. Come, quando l'uomo patito dal freddo, comincia a scaldarsi, allora si risente del freddo che sta per fuggire, e nuovi brividi gli ricercano tutta la persona; come, quando l'ammalato ricomincia a riaversi, e allora più che mai sente l'abbattimento del male che passa; così gl'infelici, quando la condizione loro sta per mutare, si rappresentano tutti in un fascio i patimenti ch'egli hanno patiti; e si conturbano delle passate disavventure, più forse che quando ne ricevono le percosse a una a una. Nel dolore di Davide si congiungeva non solo la pietà del suocero morto, la pietà di Gionata, di quel dolce amico che gli aveva salva la vita, e col santo affetto accompagnatagli la fuga e la solitudine; ma s'aggiungeva la memoria de' proprii dolori tanti, che confusi gli si rimescolavano nell'anima, come turbine che allora spira più forte quand'ha a sbrattare le nuvole e tornare il cielo sereno.

Un altro pensiero doveva a Davide far più tetro l'avvenimento al regno: dico la misera fine del povero re d'Israello, l'esito vergognoso al quale riuscirono tante superbie e prepotenze. E sempre, anche dopo, al passare da Jabes in Galaad, al vedere di lontano le montagne di Gelboe, una voce di minaccia si sarà fatta sentire all'anima del re novello, quasi campana di morto in un giorno di nozze, quasi nuvola di occidente che annunzia domani burrasca. E chi sa che, mentre Davide, abbagliato de' fumi regii, peccava innanzi al Signore e al popolo suo, chi sa che l'imagine della cruda morte di Saul non l'abbia rattenuto sul pendio della rovina, e fattogli più acuto il rimorso, il pentimento fervente di più santo dolore? Nella povera virtù dell'uomo, quanto possa il timore della pena e la speranza del premio, chi sa altri che Dio? Chi misura gli abissi de' cuori? Più facile discernere, nel fondo dell'oceano sterminato, il masso che per terremoto balza su quasi montagna (e pur l'acque lo coprono), e il minuzzolino d'arena, e il mostro che ingoia i pesci a mille, e gl'insetti de' quali un milione passeggia in un gocciolo d'acqua come in gran regno; più facile che nel cuor dell'uomo leggere ne' profondi del mare, ne' profondi del leggere come in libro aperto. Ma non neghiamo al cuore dell'uomo, o fratelli, la potenza delle opere generose. Non domandiamo: era egli sincero il dolore di Davide nella morte di Saul e di Gionata? Domandiamo: Questo dolore sincero, era egli nobile e bello? E il nostro cuore, e la coscienza di tutta l'umanità, come odore e concento che s'alza sull'alba dalla terra al cielo dirà: Sì, egli era un dolore nobile e bello. Dunque facciamo noi il simile; sappiamo gioire del bene altrui, ancorchè con incomodo nostro; sappiamo dolerci nel bene nostro s'egli è danno dolore ai nostri fratelli, e fossero pure nostri nemici.

IL CORAGGIO DEL VERO

Erano i profeti nel popolo d'Israello uomini autorevoli per buona vita che non in nome di tale o tale partito, ma in nome di Dio, annunziavano e al popolo e a' governanti parole talvolta spiacevoli, ma necessarie a sentire, acciocchè fosse posto rimedio al male fatto, e riparo ai mali imminenti. Non parlavano neanco in nome de' sacerdoti, giacchè molti di questi profeti non erano sacerdoti: ma perchè il loro linguaggio riconoscevano puro di passione, lo ascoltavano, benchè non sempre senza corruccio e, sin nel perseguitare i profeti, li temevano ancorchè inermi, anzi più che se avessero in buon numero gente di spada e di lancia.

Un di questi uomini, di nome Natan, si presenta un giorno a Davide re, vincitore di molti nemici e sicuro della propria potenza, e gli dice così: «C'era due uomini in una città; ricco l'uno, e contava assai pecore e buoi; l'altro poveretto, e di suo non aveva che una pecorella, compra co' quattrinelli delle proprie fatiche, e allevata in casa, come se fosse una sua creatura: e le dava del pane che mangiavano i figliuoli suoi proprii; e la pecorella posava nel seno di lui, e belando andava dietro a' suoi passi. Càpita in quella città un forestiero da quel signore che aveva tante bestie di suo, da far buona tavola al forestiero. Costui che fa? Piglia all'uomo poveretto la sua pecorella, e gliela sgozza senza pietà». Al sentire questa storia, la maestà del re montò in collera per tanta avidità e crudeltà; e, levando il pugno, esclamò: «Viva Dio! l'uomo che fece cotesto è figliuolo della morte (come dire, indegno di vivere). Renderà quattro volte tanto per la pecorella sgozzata; giacchè non ebbe pietà».

Stava Davide ancora col pugno levato, allorchè Natan, facendo un passo indietro, ma alzando gli occhi, che tenne chini mentre che il re parlava, alzandoli con tranquilla e serena severità, con accento più sommesso di prima, ma più spiccato, disse a Davide, modestamente stendendo la mano:

173

«Quell'uomo sei tu». Il re era assai peggio di quell'uomo dalle pecore molte. Aveva a un onesto milite tolta la moglie; e fatto morire lui. Natan gli rammentò i beni grandi che gli aveva il Signore fatti, scegliendo un umile pastorello a vincitori di nemici tremendi, a re d'Israello, liberandolo dalle calunnie de' suoi avversarii, ispirandogli sentimenti e opere generose, dandogli il maggior de' tesori, dopo la buona coscienza, un amico. E Natan soggiunse: «Se queste son piccole cose, di più grandi ancora te ne aggiungerò». Nel rimprovero e nella minaccia il buon Iddio fa suonare all'anima rea la promessa di beni che vincano i beni ottenuti già quand'ella era innocente. E il profeta, fedele interprete della misericordia, non aggrava colle ire proprie la minaccia, non tace la celeste promessa, acciocchè la speranza ecciti il pentimento, e la gratitudine renda più salutarmente vivo il dolore. Ma poi soggiunse: «Perchè tu facesti a tradimento morire di spada un uomo onesto che per te combatteva, o re, e per la patria; non si leverà la spada da sopra la tua famiglia; avrai nel cospetto di questo sole vergogne, o re, sanguinose. Tu sperasti nascondere il male fatto; nel cospetto d'Israello e del sole sarà la tua pena».

Non fece Davide come il re Saul, che sul capo de' sacerdoti esercitò vendetta rabbiosa; e che negli estremi di quella vita diventatagli un delirio e un fremito e un'agonia lunga, avrà forse viste le fantasime degli uccisi giganteggiare orribili ne' suoi sogni, e anche vegliando avrà tra il folto della foresta viste biancheggiare le vesti sacre e le pallide faccie, e nell'ora suprema i sassi di Gélboe gocciolanti di sangue, del sangue dell'antica strage confuso con quello della presente rovina. Davide, che aveva lasciata cadere come paralitica la mano, nel tendere che fece Natan la sua, e abbassata, in quel che Natan levava la fronte, stette a udire in silenzio: egli re, si sentì da meno del povero messaggiero di Dio: sentì, più forte che la voce di lui la voce della propria coscienza; per fuggire da sè stesso, si abbandonò a un tratto in Dio, e con voce sommessa ma pronta e profonda: «Ho peccato al Signore», di Natan allora, perchè egli si era, nello scozzatore della pecorella, da sè condannato alla morte, lo accerta che la vita del regio corpo gli rimarrà per allora, ma ch'e' dovrà patire nell'anima angoscie di morte, per aver dato cagione ai nemici del Signore, che bestemmiino il suo nome santo. E chiunque è più singolarmente beneficato da Dio e posto in alto, e fatto ministro delle sue giustizie e delle misericordie, annunziatore delle sue verità, si riguardi da parole e da atti che facciano parere men giusta la giustizia, la misericordia men generosa, la verità meno amabile; perchè non solo e' tenterà gli altri a bestemmia, ma sarà una bestemmia egli stesso; e sosterrà pena dura; nè egli potrà la sua colpa espiare se non duramente.

DI CERTE CRITICHE MOSSE A QUESTO LIBRETTO

Rispondo ad esse quel ch'io già ne scriveva all'amorevole e diligente editore, e quel che a un giovane il quale ripeteva a un di presso le medesime cose, temperando anch'egli, com'altri, il biasimo con parole sin troppo benigne. E aveva già risposto gran numero di lettori facendo al libretto buona accoglienza, e dimostrando che l'Italia, almeno per ora, non si vuol dividere dalle nazioni civili, le quali tutte credono che la Bibbia sia qualcosa più che un'opera di romanzieri plebei o di letterati ingegnosetti o d'eruditi accademici.

Se qualche libro, che tenta detrarre all'unica grandezza e bellezza di questo, trova lettori, non però di veri dotti né del popolo vero; non è da confondere il breve strepito dello scandalo e il morboso prudore della curiosità colla persuasione sincera e colla fede profonda. Ch'anzi la docilità con la quale taluni piegano il libero intelletto alle congetture gratuite, ai fantastici congegni, alle contraddizioni palpabili dei neganti la divina origine di quel libro, dimostra come la credulità sia più incredula d'ogni superstizione. A questo proposito reco qui sotto due mie lettere sulla così detta età della pietra; e prego i lettori a cui di tale credulità bisognassero prove, leggano nella ristampa ultima de' Sinonimi le nuove e viete cose che certo professore insegnava intorno all'origine dell'umano linguaggio, per dimostrarcela bestiale. I grugniti precursori di Dante, le scimmie progenitrici di Raffaello, i tavolini che vengono a far le veci de' tripodi antichi; ecco le scoperte e le rivelazioni di cui vorrebbero farci andare superbi coloro che discredono al mirabile della Bibbia, siccome non degno de' progressi e de' lumi nostri; mirabile che con tutta la più accertata storia del genere umano si trova, per monumenti e per tradizioni, per ragionamenti e per effetti, indivisibilmente conserto. Di tali obiezioni i credenti nel vero potrebbero andare superbi se potessero credere che i loro avversarii non hanno l'origine stessa, e se non li umiliasse il pensiero che la razza umana può tanto scadere. E, la compassione rendendo lo sdegno impossibile, altro non resta se non chiedere a Dio quella pazienza che fa di bisogno per vincere l'ira, ma per sostenere la noia.

P. S. C.

Quand'Ella vorrà metter mano alla ristampa, me ne lasci vedere le bozze. Qualcosa nello stile c'è da correggere sempre. Mutare lo spirito che anima il libro, non certamente, nè togliere da' fatti biblici il soprannaturale, ch'è la loro natura, e che costituisce la nostra grandezza. La critica incredula è pedantesca insieme e prosaica; ed è assurda e ipocrita, perchè fa le viste di venerare quel ch'essa reputa assurdo, e di mietere verità da un campo, al parer suo, seminato a menzogna.

Preg. Sig...

In ringraziamento delle troppo benigne parole ch'Ella scrive di me, Le dico schiettamente ch'io avrei piuttosto voluto una severa critica del libro mio, che sentire i fatti biblici ripudiati come se dovesse la critica storica riprovarli. Mi permetta di dirle che uomini dottissimi e de' passati secoli e anche del nostro ci credettero e credono; che i progressi della scienza e le testimonianze autorevoli di viaggiatori non frati e non cattolici, comprovano la veracità di narrazioni le quali alla moderna ignoranza parevano inverisimili; che la fede nel miracolo è necessaria conseguenza della fede in un Dio; che se noi, in questo libro evidentemente più alto di tutti i libri umani, intendiamo esercitare i ferruzzi e gli spilli della misera e ancor bambina scienza nostra, non faremo che stracciare la pelle delle inferme nostre mani e dar noia al corpo di questa nostra società troppo già lacerata.